# MEDIAÇÕES DO CINEMA DE ANIMAÇÃO
# NO TRABALHO DOCENTE

Editora Appris Ltda.
1.ª Edição - Copyright© 2024 dos autores
Direitos de Edição Reservados à Editora Appris Ltda.

Nenhuma parte desta obra poderá ser utilizada indevidamente, sem estar de acordo com a Lei nº 9.610/98. Se incorreções forem encontradas, serão de exclusiva responsabilidade de seus organizadores. Foi realizado o Depósito Legal na Fundação Biblioteca Nacional, de acordo com as Leis nos 10.994, de 14/12/2004, e 12.192, de 14/01/2010.

Catalogação na Fonte
Elaborado por: Dayanne Leal Souza
Bibliotecária CRB 9/2162

| | |
|---|---|
| M775m 2024 | Monteiro, Thalyta Botelho<br>Mediações do cinema de animação no trabalho docente / Thalyta Botelho Monteiro. – 1. ed. – Curitiba: Appris, 2024.<br>219 p. : il. ; 23 cm. – (Coleção Educação, Tecnologias e Transdisciplinaridades).<br><br>Inclui referências.<br>Inclui apêndice.<br>ISBN 978-65-250-6624-0<br><br>1. Animação (Cinematografia). 2. Prática docente. 3. Linguagem artística. I. Monteiro, Thalyta Botelho. II. Título. III. Série.<br><br>CDD – 370.11 |

Livro de acordo com a normalização técnica da ABNT

**Appris** editora

Editora e Livraria Appris Ltda.
Av. Manoel Ribas, 2265 – Mercês
Curitiba/PR – CEP: 80810-002
Tel. (41) 3156 - 4731
www.editoraappris.com.br

Printed in Brazil
Impresso no Brasil

Thalyta Botelho Monteiro

# MEDIAÇÕES DO CINEMA DE ANIMAÇÃO NO TRABALHO DOCENTE

Appris
editora

Curitiba, PR
2024

# FICHA TÉCNICA

| | |
|---|---|
| EDITORIAL | Augusto Coelho |
| | Sara C. de Andrade Coelho |

COMITÊ EDITORIAL

Ana El Achkar (Universo/RJ)
Andréa Barbosa Gouveia (UFPR)
Antonio Evangelista de Souza Netto (PUC-SP)
Belinda Cunha (UFPB)
Délton Winter de Carvalho (FMP)
Edson da Silva (UFVJM)
Eliete Correia dos Santos (UEPB)
Erineu Foerste (Ufes)
Fabiano Santos (UERJ-IESP)
Francinete Fernandes de Sousa (UEPB)
Francisco Carlos Duarte (PUCPR)
Francisco de Assis (Fiam-Faam-SP-Brasil)
Gláucia Figueiredo (UNIPAMPA/ UDELAR)
Jacques de Lima Ferreira (UNOESC)
Jean Carlos Gonçalves (UFPR)
José Wálter Nunes (UnB)
Junia de Vilhena (PUC-RIO)

Lucas Mesquita (UNILA)
Márcia Gonçalves (Unitau)
Maria Aparecida Barbosa (USP)
Maria Margarida de Andrade (Umack)
Marilda A. Behrens (PUCPR)
Marília Andrade Torales Campos (UFPR)
Marli Caetano
Patrícia L. Torres (PUCPR)
Paula Costa Mosca Macedo (UNIFESP)
Ramon Blanco (UNILA)
Roberta Ecleide Kelly (NEPE)
Roque Ismael da Costa Güllich (UFFS)
Sergio Gomes (UFRJ)
Tiago Gagliano Pinto Alberto (PUCPR)
Toni Reis (UP)
Valdomiro de Oliveira (UFPR)

| | |
|---|---|
| SUPERVISORA EDITORIAL | Renata C. Lopes |
| PRODUÇÃO EDITORIAL | Renata Miccelli |
| REVISÃO | Camila Dias Manoel |
| DIAGRAMAÇÃO | Andrezza Libel |
| CAPA | Sheila Alves |
| REVISÃO DE PROVA | Daniela Nazario |

## COMITÊ CIENTÍFICO DA COLEÇÃO EDUCAÇÃO, TECNOLOGIAS E TRANSDISCIPLINARIDADE

DIREÇÃO CIENTÍFICA  Dr.ª Marilda A. Behrens (PUCPR)       Dr.ª Patrícia L. Torres (PUCPR)

CONSULTORES

Dr.ª Ademilde Silveira Sartori (Udesc)

Dr. Ángel H. Facundo
(Univ. Externado de Colômbia)

Dr.ª Ariana Maria de Almeida Matos Cosme
(Universidade do Porto/Portugal)

Dr. Artieres Estevão Romeiro
(Universidade Técnica Particular de Loja-Equador)

Dr. Bento Duarte da Silva
(Universidade do Minho/Portugal)

Dr. Claudio Rama (Univ. de la Empresa-Uruguai)

Dr.ª Cristiane de Oliveira Busato Smith
(Arizona State University /EUA)

Dr.ª Dulce Márcia Cruz (Ufsc)

Dr.ª Edméa Santos (Uerj)

Dr.ª Eliane Schlemmer (Unisinos)

Dr.ª Ercilia Maria Angeli Teixeira de Paula (UEM)

Dr.ª Evelise Maria Labatut Portilho (PUCPR)

Dr.ª Evelyn de Almeida Orlando (PUCPR)

Dr. Francisco Antonio Pereira Fialho (Ufsc)

Dr.ª Fabiane Oliveira (PUCPR)

Dr.ª Iara Cordeiro de Melo Franco (PUC Minas)

Dr. João Augusto Mattar Neto (PUC-SP)

Dr. José Manuel Moran Costas
(Universidade Anhembi Morumbi)

Dr.ª Lúcia Amante (Univ. Aberta-Portugal)

Dr.ª Lucia Maria Martins Giraffa (PUCRS)

Dr. Marco Antonio da Silva (Uerj)

Dr.ª Maria Altina da Silva Ramos
(Universidade do Minho-Portugal)

Dr.ª Maria Joana Mader Joaquim (HC-UFPR)

Dr. Reginaldo Rodrigues da Costa (PUCPR)

Dr. Ricardo Antunes de Sá (UFPR)

Dr.ª Romilda Teodora Ens (PUCPR)

Dr. Rui Trindade (Univ. do Porto-Portugal)

Dr.ª Sonia Ana Charchut Leszczynski (UTFPR)

Dr.ª Vani Moreira Kenski (USP)

# AGRADECIMENTOS

À professora Gerda, pela oportunidade em cursar o doutorado. Mais que uma orientadora, foi amiga e conselheira. Aprendo com a senhora, sempre.

Ao professor Erineu, por acreditar no meu trabalho e me proporcionar tamanhas parcerias.

À minha família: aos meus pais, Elza e Cleomar.

Ao Rodrigo, pela paciência e compreensão com minhas ausências, estresses. Obrigada pelo companheirismo, meu amor!

Ao meu filho, Martin: a mamãe precisou dividir o tempo que tinha com você para ser uma doutora!

A Elisa e Rhamires, que cuidaram do meu pequeno para que eu pudesse trabalhar e estudar.

Meu imenso carinho, gratidão e respeito a Silvana, Priscilla, Lívia, Kah e Tati. Vocês cuidaram de mim no meu momento mais frágil, mas também mais sublime.

Ao Grupo de Pesquisa Infâncias, Tecnologias e Imagens, pelas contribuições.

A Samira Sten, Angélica Vago-Soares e Fernanda Camargo, por todo o carinho, amizade e auxílio no decorrer deste processo.

Ao Lopes, pela amizade e parceria, principalmente nos momentos em que precisei de livros, mas não tinha dinheiro para comprá-los. Sua atitude fez muita diferença! Seu coração é tão grande quanto você.

Às professoras Maria de Fátima, Cristiane, Raquel e Rebeka. Sem vocês, este estudo não teria sido possível.

Joelma, grata pelas palavras, pelo carinho e pela força. Você fez diferença para que este momento chegasse.

Adriano, meu querido amigo! Obrigada por estar comigo e dividir alegrias e tristezas desse universo acadêmico. Grata por me mostrar que a vida é mais do que a aparência.

Minha gratidão, também, a Fabio Yanaji, Marcos Magalhães, Sávio Leite e Rafael Buda, pela partilha de conhecimentos sobre o universo da animação.

*Vejo, enfim, a luz brilhar. Já passou o nevoeiro.*
*(Enrolados)*

*Nem todo super-herói tem superpoderes.*
*(Os Incríveis)*

*Quer ser um espectador na vida? Ou quer ser um personagem?*
*(O Incrível Mundo de Gumball)*

*A aventura está lá fora.*
*(Up – Altas Aventuras)*

# PREFÁCIO

*ANIMUS* é um conceito que busco relacionar com a trajetória e a pessoa de Thalyta Botelho Monteiro. A palavra provém do latim e significa alma. A obra que aqui apresento, assim como a trajetória da autora, é forjada nesse conceito: na coragem e determinação de Thalyta, bem como no objeto de suas pesquisas com a animação. *ANIMUS* deriva da raiz indo-europeia *ANE*, que dá sentido a todo ser vivo, aquele que respira, que tem coragem, vontade e emoções. No *ANIMUS* fundem-se a razão e a emoção para produzir a vida com Arte. Isso podemos reconhecer na caminhada de superação da jovem estudante que conheci na Universidade Federal do Espírito Santo, no período em que finalizava o curso de licenciatura em Arte Visuais, em 2007.

Ao ser convidada para prefaciar este livro, muitos momentos do convívio com Thalyta vêm-me à lembrança. Sou tomada por recordações de uma jovem que se destacava dentre as demais por sua trajetória de lutas por inclusão e por seus relatos enquanto universitária de origem popular (Monteiro, 2006, 2016). Especialmente, ocorre-me a imagem de uma jovem com malas, caixas e sacolas, que continham brinquedos ópticos, materiais para produção e projeção de imagens em movimento. Lembro-me de sua persistência em fomentar, no ensino da arte, a pergunta: como são produzidos os desenhos animados? Durante o estágio na educação básica, levou essa pergunta aos estudantes do ensino básico com a provocação de desvelar os mecanismos de produção de imagens e, assim, desmistificar o discurso imagético/hermético subliminar presente na grande mídia. Com efeitos produzidos da técnica *stop motion*, conduziu pesquisas com jovens e crianças. A produção de animações com os estudantes possibilitou a análise crítica sobre os produtos da indústria cultural, colocando em questão a produção de simulacros em imagens manipuladas. A metáfora de "quebrar o brinquedo" era por nós usada para representar a necessidade de buscar o que se escondia por trás dos produtos apresentados para o consumo nas mídias de recreação e entretenimento. O trabalho educativo iniciava-se no desafio de desvelar a "filosofia da caixa-preta". Esse termo foi usado por Flusser (1985) para chamar atenção aos perigos da manipulação das imagens, especialmente na produção e recepção da fotografia na sociedade. Essa preocupação é atual e toma relevo hoje com as *fake news*, na chamada sociedade da informação, e já era destacada por Flusser, que escrevia:

> O observador confia nas imagens técnicas tanto quanto confia em seus olhos. Quando critica as imagens técnicas (se as critica), não o faz enquanto imagens, mas enquanto visões de mundo. Essa atitude do observador em face das imagens técnicas caracteriza a situação atual, onde tais imagens se preparam para eliminar o texto. Algo que apresenta consequências altamente perigosas (Flusser, 1985, p. 14).

Segundo Flusser, o fotógrafo domina o aparelho, mas, pela ignorância dos processos no interior da caixa, é por ele dominado. Nesse sentido, defendia que o domínio dos processos de produção é fundamental ao domínio crítico e à reflexão emancipadora sobre o texto imagético. Essa reflexão está presente nas atividades educativas propostas por Thalyta na educação básica, como também se apresentava enquanto pesquisa em seu processo de formação inicial e continuada de docente em Artes. A monografia apresentada no fim do curso de Artes Visuais, intitulada "Quadro a quadro: a animação como recurso para o ensino de arte" (Monteiro, 2007), apontava para um aprofundamento do tema. Essa tarefa ela assumiu no desenvolvimento de sua dissertação de mestrado.

Sua mudança de cidade, junto do Rodrigo, seu companheiro, para o interior capixaba impôs-lhes o desafio de melhor compreender os espaços educativos em comunidades do campo. Foi em contexto de escolas do campo que desenvolveu pesquisa com o protagonismo de crianças na produção de Cinema de Animação. A dissertação intitulada "Cinema de animação e o ensino de arte: experiência e narrativa de criança em contexto campesino", defendida em 2013, possibilitou-nos compreender como as infâncias campesinas podem participar como autonomia e autoria de projetos com imagens e, dessa forma, aproximar a escola da comunidade.

*ANIMUS*, enquanto motivação, foi o que impulsionou o trabalho de Thalyta — Tata, como nosso Grupo de Pesquisa Imagens, Tecnologias e Infâncias (GPITI) carinhosamente a chama. Na educação básica provocou o trabalho com animação junto aos alunos e aos professores. Participou e propôs formação continuada de professores de Arte e compartilhou resultados de suas pesquisas em fóruns qualificados de educação, bem como publicou os resultados em artigos e eventos. Os trabalhos desenvolvidos extrapolaram os muros das escolas e alcançaram as comunidades por meio das famílias dos estudantes e em espaços da sociedade civil organizada, como associações comunitárias, sindicatos e igrejas. Sua participação em eventos nacionais e internacionais, como a Associação Nacional de Pesquisadores em Artes Plásticas (ANPAP), a Federação dos Educadores de Arte do Brasil

(FAEB), e em fóruns qualificados de discussão da Animação, como o *Anima Mundi*, oportunizou-lhe ampliar as interlocuções e conhecer profissionais, pesquisadores em outros territórios, com eles estabelecendo importantes parcerias investigativas. A comunicação apresentada na Univesität-Siegen, Alemanha, em 2011, abriu-lhe perspectivas internacionais que se ampliaram exponencialmente nos últimos anos, como a participação em eventos e pesquisas na América Latina, a exemplo da apresentação de trabalhos, em Mendoza, Argentina, no encontro do Observatório da Formação de Professores de Arte no Brasil e Argentina, em 2017.

A Animação, dessa forma, esteve presente tanto em seu percurso investigativo como em suas ações cotidianas de trabalho e vida. A tese de doutorado intitulada "Cinema de animação no trabalho docente", defendida em 2021, é aqui publicada na Coleção Educação e Culturas. Essa pesquisa, em particular, elabora-se na esteira de uma trajetória desafiadora dessa pesquisadora. Investiga as mediações da animação na educação, particularmente no trabalho de professores de Arte. A pesquisa qualitativa com inspiração na pesquisa-ação aborda o trabalho docente de três professoras de arte da educação básica, no município de Vitória, durante os anos de 2018 e 2019.

O conceito de mediação é especialmente abraçado pela pesquisadora. Na pesquisa desenvolvida, assim como no próprio movimento da pesquisadora, esse conceito é particularmente relevante. Enquanto conceito que se define com base nos processos sociais, engendrando práticas e produtos, definindo correlações de forças ideológicas presentes na sociedade. A mediação de primeira ordem, segundo Mészáros (1981), é o trabalho, por meio do qual é possível produzir uma nova realidade, humanizada. Pelo trabalho a pessoa produz objetos e práticas que transformam a natureza. De acordo com Sánchez Vázquez (1990), essa prática não se realiza por simples necessidade de subsistência, mas decorre da necessidade que a pessoa tem de se manter ou se elevar como ser humano. As diferentes formas como se desenvolve o trabalho, sob diferentes condições sociais e naturais ao longo da história, possibilitam-nos compreender a gênese dos objetos e práticas presentes em nosso dia a dia e que são decorrentes da ação humana. Assim, a mediação do trabalho docente é tema na prática investigativa de Thalyta Botelho Monteiro. Como o professor de artes acessa o conhecimento da Animação? Como o trabalho com a Animação tensiona outras áreas e conhecimento na sala de aula? O que a mediação da Animação pode provocar no currículo escolar? Essas e outras perguntas podem ser suscitadas por meio da leitura do livro que aqui apresentamos.

Na animação, enquanto mediação, os brinquedos ópticos mecânicos, como *thaumatrope*, praxinoscópio e zootrópio, são compreendidos como produções humanas, resultado de um processo de pesquisa e produção de conhecimento. Hoje, ao manipular um brinquedo óptico, as pessoas podem buscar suas gêneses e passar da condição de consumidores passivos à condição de autores críticos. Também os educadores que integram o processo de formação discutem o processo de formação tradicional e passam a valorizar o processo de criação.

O conceito de mediação, enquanto conceito complexo e abrangente, possibilita-nos ainda localizar os movimentos e tensionamentos presentes na sociedade que fomentam mudanças e/ou determinam as práticas, bem como o produto do trabalho humano. A exemplo, cito o próprio movimento da pesquisadora, que, diante dos processos sociais que a tensionam e motivam ao movimento, torna-se, durante a fase final de sua pesquisa de doutorado, mãe de Martin, que nasceu em abril de 2020, e foi aprovada como professora do Instituto Federal de Educação do Espírito Santo (IFES/Ibatiba). Isso forçou seu deslocamento para Ibatiba. Mas ela não foi só; com ela foram Rodrigo, seu companheiro, e Martin, assim como também o *"ANIMA"*, que é aquela a força que dá vida ao ser, o espírito. As energias e forças compartilhadas no trabalho coletivo do Grupo de Pesquisa Imagens, Tecnologias e Infâncias também acompanham Thalyta nesse movimento. E a Animação também foi e continua junto à pesquisadora.

Em 2020 foi publicado o resultado de uma ação articulada pela pesquisadora, com base em sua mediação educativa em Ibatiba. Realizou, na semana de 28 de outubro a 1 de novembro de 2020, o Dia Internacional da Animação, com o apoio institucional do IFE/Ibatiba. Nessa ação, envolveu aproximadamente 600 pessoas, em sua maioria crianças, em nove sessões de Animação, com a parceria do *Anima Mundi*. Desta forma, colocou o audiovisual em debate também em cidades localizadas fora do eixo das grandes metrópoles. Mais do que a realização de um evento, ela promoveu o debate na região, discutindo o papel da mídia e propondo discussão acerca da história da arte e da história da Animação. Também fomentou o debate sobre o processo de produção da Animação. Assim se posicionou no artigo publicado:

> [...] o aluno se vê rodeado por imagens e precisa saber lidar
> com elas ou entender a sua importância. Além disso, apren-
> der a fazer uma animação pode fazer com que ele deixe

de ser apenas receptivo, consumidor, para entender como funciona, como se produz esse gênero e, assim, desenvolver seu pensamento crítico (Monteiro, 2020).

Os temas de seu interesse estão relacionados ao *ANIMUS*, ao sopro de vida que pulsa em Thalyta. Temas como leitura de imagens (Monteiro; Lins, 2013), albinismo (Monteiro, 2019) e socialização da arte (Monteiro; Schütz-Foerste, 2021) são abordagens presentes nos estudos dessa pesquisadora. Sua inserção no contexto do IFES/Ibatiba possibilitou a realização de formação continuada de professores do campo, por meio do Programa Escola da Terra. No ano de 2022, coordenou os trabalhos de formação com professores da região do Caparaó, alcançando mais de 12 municípios do entorno de Ibatiba. A perspectiva diferenciada na análise e compreensão do papel formador assumido por Thalyta está presente no texto escrito para a Aula Inaugural do Curso de Pedagogia, recentemente criado no IFES/Ibatiba, curso no qual assume como primeira coordenadora. Sua percepção do contexto educativo na mesorregião do Caparaó aponta para a necessidade de fomentar processos educativos diferenciados, que atentem para as culturas e os distintos modos de produção presentes na região, como podemos acompanhar no texto introdutório à Aula Inaugural realizada no dia 13 de fevereiro de 2023.

> Nosso curso é presencial no turno noturno e na região do Caparaó não há esta modalidade em um raio de aproximadamente 80 km. Ibatiba possui muitas escolas do campo com características urbanas. São espaços, livros, currículos e também a falta de pertencimento em se aceitar sujeito do campo. Muitos desconhecem as políticas do/para o campo e sua importância. Sabemos que o campus também é referência em questões ambientais e educacionais. Desse modo, a partir destas interfaces tentamos construir um curso que cumprisse as matrizes e referências curriculares da educação e ampliasse a valorização da educação do campo e as questões ambientais. Trata-se de um passo na construção de conhecimento em educação e formação profissional da nossa região.[1]

*ANIMUS*, que significa sopro de vida, é um conceito que se funde e confunde com o *ANIMA*, e certamente acompanhará Thalyta Botelho Monteiro em sua caminhada e mediações em todos os espaços nos quais atua e ainda atuará. No livro que aqui apresentamos, o leitor encontrará

---

[1] Texto introdutório à aula inaugural do curso de Pedagogia do IFES/Ibatiba, escrito por Thalyta Botelho Monteiro, em fevereiro de 2023.

importantes apontamentos do potencial investigativo da pesquisadora e, sobretudo, um testemunho de quem acredita da educação pública, de qualidade, laica e mediada pela arte.

Fundamentada na educação freiriana, a pesquisadora critica toda proposta educativa "bancária", que não fomente a busca incansável pela pergunta, ou que promova a alienação e adestramento dos sujeitos. Assim defende, fundamentada em Freire (2018, p. 26):

> Quando vivemos a autenticidade exigida pela prática de ensinar-aprender participamos de uma experiência total, diretiva, política, ideológica, gnosiológica, pedagógica, estética e ética, em que a boniteza deve achar-se de mãos dadas com a decência e com a seriedade.

Em seu percurso docente, assim como na pesquisa que aqui apresentamos, fica evidente a defesa que faz da educação como prática de libertação. A noção de libertação é desenvolvida pela pesquisadora com base no pensamento freiriano, que significa a superação do estado de opressão. Nesse contexto de reflexão, a autora reforça uma ideia fundamental ligada à necessidade humana de construção de autonomia e emancipação, que se traduz na "vocação histórica e ontológica de ser mais" (Freire, 2017 *apud* Monteiro, 2021, p. 40).

Para tanto, enfatiza a necessidade de desafiar a "curiosidade epistemológica" que seja capaz de promover a criatividade e o pensamento crítico. Especialmente, compreende o papel do professor e a mediação das linguagens nesse processo. Os desenhos animados, enquanto produto do trabalho humano, remetem ao processo de sua produção, assim como nos desafiam à compreensão do papel que ocupam na sociedade, sobretudo na formação e informação que desempenham junto ao público infantil. Na escola, a mediação imagética da Animação pode ainda desafiar o trabalho interdisciplinar e organizacional do espaço escolar quando possibilita o trabalho em equipe e o uso de novas tecnologias na sala de aula. Para tanto, a mediação educativa, que vai além do trabalho do professor, pode ser exercida pela imagem como também na interação entre os diferentes sujeitos. Assim, corroboramos a ideia defendida por Thalyta de que o trabalho com animação se constitui enquanto prática inclusiva; para a autora, no trabalho com Animação há incentivo na participação dos estudantes com necessidades especiais na proposta, como também de crianças com dificuldades, com ou sem laudo ou dificuldade de aprendizagem (Monteiro, 2021, p. 132). Assim, recomendo a leitura atenta deste livro, que oportuniza uma reflexão engajada no campo da educação com arte. Como nos sugere a própria autora, o trabalho docente mediado pela Animação pode ir além da transferência de conhecimentos para formar sujeitos, com a produção em 3D, também dimensionados em 3C (Criativos, Críticos, Criadores).

**Gerda Margit Schütz-Foerste**
*15 de fevereiro de 2023*

## Referências

CIAVATTA, M. *Mediações históricas de trabalho e educação*: gênese e disputas na formação dos trabalhadores (Rio de Janeiro 1930-60). Rio de Janeiro, RJ: Lamparina, 2009.

CLARO, K. Eu e a educação. *Jornal Biosferas*, Rio Claro, SP, [2014?]. Disponível em: http://www1.rc.unesp.br/biosferas/Art0082.html. Acesso em: 18 set. 2019.

FLUSSER, V. *Filosofia da caixa preta*: ensaios para uma futura filosofia da fotografia. São Paulo: Hucitec, 1985.

FREIRE, P. *Pedagogia da autonomia*: saberes necessários à prática educativa. 56. ed. São Paulo: Paz e Terra, 2018.

FREIRE, P. *Pedagogia do oprimido*. 63. ed. Rio de Janeiro, RJ: Paz e Terra, 2017.

LINS, A. C.; MONTEIRO, T. B. Auxiliando práticas de leitura de imagem: a tecnologia como recurso de aprendizagem em arte. *Revista (Con)Textos Linguísticos*, Vitória, ES, v. 7, n. 8.1, p. 28-41, out. 2013. Edição Especial ABEHTE. Disponível em: https://periodicos.ufes.br/contextoslinguisticos/article/view/6003/4397. Acesso em: 20 ago. 2019.

MÉSZÁROS, I. *Marx*: a teoria da alienação. Rio de Janeiro, RJ: Zahar, 1981.

MONTEIRO, T. B. Caminhada dez anos: as trilhas da vida. *In*: ARAÚJO, L. (org.). *Caminhada dez anos depois*: relatos de universitários de origem popular. Rio de Janeiro, RJ: FLACSO, 2016. p. 95-100.

MONTEIRO, T. B. *Cinema de animação e trabalho docente*. 2021. Tese (Doutorado em Educação) – Universidade Federal do Espírito Santo, Vitória, ES, 2021.

MONTEIRO, T. B. Thalyta Botelho Monteiro. *In:* JESUS, Eliana C. de; ARAÚJO, L. (org.). *Caminhadas de universitários de origem popular*: UFES. Rio de Janeiro, RJ: Universidade Federal do Rio de Janeiro, 2006. p. 36-38.

MONTEIRO, T. B. *Quadro a quadro*: a animação como recurso para o ensino da Arte. 2007. Trabalho de Conclusão de Curso (Licenciatura em Artes Visuais) – Universidade Federal do Espírito Santo, Vitória, ES, 2007.

MONTEIRO, T. B. Uso de animação estimula interesse dos alunos pelo ensino de artes: prática pode ser apresentada no ensino fundamental e necessita de câmera, aplicativos e outros materiais. [Entrevista cedida a] Leonardo Valle. *Instituto Claro*, São Paulo, SP, 6 fev. 2020. Disponível em: https://www.institutoclaro.org.br/educacao/nossas-novidades/reportagens/uso-de-animacao-estimula-interesse--dos-alunos-pelo-ensino-de-artes/. Acesso em: 16 jul. 2021.

MONTEIRO, T. B.; COELHO, F. J. F. O albinismo e suas conexões com o ensino de Ciências Naturais: um relato na EJA. *Revista Educação Pública*, Rio de Janeiro, RJ, v. 19, n. 10, maio 2019. DOI: 10-18264/REP. Disponível em: https://educacaopublica.cecierj.edu.br/artigos/19/10/o-albinismo-e-suas-conexoes-com-o-ensino-de--ciencias-naturais-um-relato-na-eja. Acesso em: 11 ago. 2021.

MONTEIRO, T. B.; SCHÜTZ-FOERSTE, G. M. Educação estética e trabalho docente: a animação no processo de socialização da arte. *Revista Atos de Pesquisa em Educação*, Blumenau, SC, v.16, dez. 2021. DOI: https://dx.doi.org/10.7867/1809-0354202116e10194. Disponível: https://ojsrevista.furb.br/ojs/index.php/atosde-pesquisa/article/view/10194/5639. Acesso em: 10 set. 2019.

SÁNCHEZ VÁZQUEZ, A. *As idéias estéticas de Marx*. 2. ed. Rio de Janeiro, RJ: Paz e Terra, 1978.

SÁNCHEZ VÁZQUEZ, A. *Filosofia da práxis*. 4. ed. Rio de Janeiro, RJ: Paz e Terra, 1990.

VIGOTSKI, L. *Psicologia pedagógica*. São Paulo, SP: Martins Fontes, 2010.

# APRESENTAÇÃO

Abordando a animação no trabalho docente, o presente estudo tratará de questões de parceria, método, técnica e criação. Para essa construção, é oportuno resgatar minha relação com a animação, o que, assim entendo, ajuda a compreender o cerne deste estudo.

Com a licenciada em Artes Visuais (2007) e em Pedagogia (2018); as especializações em Artes na Educação (2008) e em Educação a Distância (2011); e o mestrado em Educação (2013), segui minha carreira acadêmica sempre no campo da Arte-Educação. A animação está entre os fatores que mais influenciaram as pesquisas que realizei desde que me graduei.

Atuando no ensino de Arte na educação básica na maior parte da minha trajetória docente, venho utilizando a animação em sala de aula de forma vinculada ao contexto curricular. Há mais de uma década, exploro essa linguagem em espaços educacionais em que desempenho o papel de docente. Também atuei como tutora a distância do curso de Artes Visuais da Universidade Federal do Espírito Santo (UFES), experiência que se estendeu de 2009 a 2013, com um retorno em 2017, desta vez para ministrar uma oficina de cinema de animação no ensino de Arte.

O reconhecimento do meu trabalho com animação em sala de aula deu-se em 2009, quando fui finalista do Prêmio Boas Práticas da Secretaria Estadual de Educação do Espírito Santo. Na ocasião, ações que desenvolvi com a linguagem e experiências das crianças com a produção animada foram analisadas pela equipe de examinadores do prêmio.

Essa experiência me motivou a trilhar o caminho do mestrado dois anos mais tarde, com alunos de outro espaço educativo. Foi quando desenvolvi a pesquisa intitulada "Cinema de animação no ensino de arte: a experiência e a narrativa na formação da criança em contexto campesino" (Monteiro, 2013), tendo como lócus de pesquisa uma escola do campo de Domingos Martins, região Centro-Serrana do Espírito Santo.

As experiências profissionais e acadêmicas permitiram uma ampliação do processo de fazer ciência com base na minha participação em congressos, simpósios e palestras. Dentre os eventos internacionais, destacam-se: III Congresso Internacional UFES/*Université Paris-Est*/Universidade do Minho – Territórios, Poderes e Identidades (2011); VI Congresso Internacional de

Linguagem e Tecnologias *Online* (2012); Congresso da Associação Brasileira de Estudos de Hipertextos e Tecnologias Educacionais (2013). Também publiquei trabalhos, por exemplo, em 2016, no III Simpósio Luso-Brasileiro em Estudos da Criança (Universidade do Porto); e, em 2017, no Congresso Internacional *Nuevos Horizontes de Iberoamérica*, realizado em Mendoza, Argentina.

Em âmbito nacional, participei do Congresso do Grupo de Pesquisa sobre Crianças e Infâncias (2012 e 2017); Congresso Infância e Pedagogia Histórico-Crítica (2012); Seminário Capixaba sobre o Ensino da Arte (2011, 2013, 2015, 2017 e 2019); Congresso da Federação de Arte Educadores do Brasil (2012 e 2017); Reunião da Associação Nacional de Pós-Graduação e Pesquisa em Educação (2019).

O fato de eu ter sido bolsista financiada pela Coordenação de Aperfeiçoamento de Pessoal de Nível Superior (CAPES), tanto no mestrado (2012) quanto no doutorado (2017- 2019), possibilitou-me participar mais intensamente de atividades acadêmicas. Além disso, pude ampliar o conhecimento na área da educação do campo, em função do trabalho desenvolvido junto ao programa Escola da Terra Capixaba (2017-2019). Esta experiência exerce influência direta na minha atuação profissional no âmbito do Instituto Federal do Espírito Santo (IFES), campus Ibatiba, município da região do Caparaó, ajudando-me a compreender as especificidades locais.

No que diz respeito à minha trajetória com a animação, ela se inicia muito antes da minha formação acadêmico-profissional. Sua origem dá-se ainda na infância. Minha cabeça de criança acreditava que os desenhos animados moravam dentro da televisão. Assim, a curiosidade de desvendar seu funcionamento era grande, pois, ao ver os personagens em aparelhos diferentes, eu ficava intrigada: como eles podiam estar em dois lugares ao mesmo tempo? Mais tarde, percebi que essa curiosidade não era somente minha, mas inquietava outras crianças e adultos. Essas curiosidades perduraram, de modo que, à medida que meu repertório com a animação se ampliava, às perguntas de criança somaram-se outras, às quais me dedico a responder com base no processo de fazer ciência sobre animação.

Esse repertório se amplia continuamente, agora não somente como espectadora dos filmes, mas, também, em visitas a festivais de animação (*Anima Mundi*), participação em oficinas e cursos — Curso de Cinema do Serviço Social do Comércio (SESC) Glória, em 2012; também em parceria com a mesma entidade, participei, em 2013, da oficina de cinema Minuto Lumière, com a professora Adriana Fresquet; animação 2D com Otto Guerra, em 2017, durante o Festival Vitória Cine Vídeo; Formação em Cinema de Animação para Professores – *Anima Mundi*, em 2018. Essas ações formativas me permitiram expandir o conhecimento de animação para docentes em formações continuadas, tais como: Formação de Professores no Norte do Espírito Santo, em parceria com a UFES (2012); Cinema de Animação e o Ensino da Arte (2018-2019, modalidade a distância); Animação na Sala de Aula em Parceria com o Polo de Arte na Escola (2019); palestra sobre Animação na Sala de Aula no 2º Encontro de Cinema de Animação de Paraty (RJ, 2018); Curso de Extensão Cinema de Animação e seu Desenvolvimento (IFES, Ibatiba, 2020), além de atividades formativas para professores em parceria com prefeituras.

É com base nessa trilha que apresento, a seguir, o relatório da minha pesquisa de doutorado, na qual o trabalho docente encontra a animação, ambos sendo alvo de um processo de observação que, ainda que mergulhado no universo dessa linguagem, busca um certo distanciamento para compreender os limites e possibilidades com os quais ela lida no ambiente da sala de aula.

# SUMÁRIO

**1**

**PARA INÍCIO DE CONVERSA** ........................................................ 23

1.1 A docente-pesquisadora e o objeto animação ............................24

1.2 Problema ........................................................................29

1.3 Objetivos ........................................................................30

1.4 Problematização ..............................................................31

1.5 Justificativa ....................................................................31

1.6 Contribuições ..................................................................32

1.7 Organização do livro ........................................................33

**2**

**PROCEDIMENTOS METODOLÓGICOS** ..................................... 35

2.1 Situação-limite ................................................................38

2.2 Produção de conhecimento ................................................40

2.3 Conscientização ..............................................................41

2.4 Práxis .............................................................................42

2.5 Libertação ......................................................................43

2.6 Diálogo ..........................................................................43

**3**

**MAPEAMENTO DE DOCENTES DO ESPÍRITO SANTO ADEPTOS DO TRABALHO COM ANIMAÇÃO: BREVE CARACTERIZAÇÃO** ........... 47

**4**

**ANIMAÇÃO E O TRABALHO DOCENTE NA PERSPECTIVA DO TRABALHO CRIATIVO** ................................................................ 57

4.1 Cinema de animação, desenho de animação, desenho animado ou animação? ...57

4.2 Os princípios fundamentais da animação: criação e técnica ...................60

4.3 Influência do Anima Mundi no uso da animação em sala de aula ...............65

4.4 Museus de animação e processos educativos ...............................73

4.5 Trabalho: intervenção criativa do homem sobre o mundo ....................76

4.6 O trabalho docente e a formação educacional ...............................79

4.7 Mediação e educação ........................................................84

5

APRESENTAÇÃO E ANÁLISE DOS DADOS ............................... 91

5.1 Caracterização das docentes.................................................91

5.2 Categorias de análise ....................................................95

5.2.1 Parcerias ........................................................96

5.2.2 Método e práxis pedagógica ...............................105

5.2.3 Técnica e criação .........................................135

5.3 Animação e autonomia: limites e possibilidades.............................157

6

CONSIDERAÇÕES FINAIS .....................................173

REFERÊNCIAS......................................................185

APÊNDICE A

TERMOS DE AUTORIZAÇÃO DE PESQUISA .............................193

APÊNDICE B

OBSERVAÇÕES ENTREGUES ÀS PROFESSORAS ........................199

APÊNDICE C

QUESTIONÁRIO APLICADO (2017).......................................205

ANEXO A

ATIVIDADE RELACIONANDOO ANIMAÇÃO AO CONTEÚDO
CURRICULAR .........................................................215

# PARA INÍCIO DE CONVERSA

Popularmente chamadas de desenhos animados, as animações são bastante aceitas pelo público infantil, mas também conquistam os adultos, alguns deles ainda saudosos dos desenhos aos quais assistiam na infância – quando emissoras de TV exibiam uma série de desenhos no turno matutino, o que perdurou até o início dos anos 2010. Com desenhos com linhas simples, uso de cores vibrantes e personagens diferenciados, é uma linguagem que comunica mensagens de forma rápida e eficaz.

Pesquisa no YouTube exibe um grande quantitativo de animações realizadas em meio à pandemia da doença do novo coronavírus (COVID-19), dando mostras de como essa linguagem tem sido utilizada nesse contexto, sobretudo com viés informativo, ensinando, por exemplo, sobre o uso correto de máscaras (Manga e Leco[2], Canal da Charlotte[3], Dança da Máscara[4], além de filmes produzidos pela Sociedade Brasileira de Pneumologia e Tisiologia[5]).

Por essa adesão do público e por seu potencial reflexivo, criador e expressivo, associo a animação aos processos educacionais, de modo que, atualmente, com o ensino remoto e o uso de tecnologias digitais, ela tem sido um recurso para proporcionar maior interação entre professores e alunos. É possível notar, nesse contexto, o aumento da produção de vinhetas de escolas, propagandas e uso da animação digital, tentativas de aproximar esses atores com a temática.

Contudo, o trabalho com animação na sala de aula não é tarefa fácil. Essa afirmação tem como base experiências que tenho vivenciado no âmbito escolar, seja como docente, seja em formações para professores interessados em trabalhar com essa linguagem com seus alunos. Para alguns, a animação associa-se a momentos de entretenimento e ludicidade; por outros, é vista como um desafio, pois requer o uso de tecnologias digitais, o que estreitaria sua relação com a abordagem da Base Nacional Comum

---

[2] Ver em: https://www.youtube.com/watch?v=YHH0_rG0TRc. Acesso em: 21 mar. 2023.

[3] Ver em: https://www.youtube.com/watch?v=UeQhdwfK-rU. Acesso em: 13 abr. 2023.

[4] Ver em: https://www.youtube.com/watch?v=k3Ny3KoY8IM&t=120s. Acesso em: 18 abr. 2023.

[5] Ver em: https://sbpt.org.br/portal/covid19-mascara-video/. Acesso em: 5 maio 2023.

Curricular (BNCC). Isso exige atenção às proposições do documento, visto seu caráter superficial ao discutir Arte e Tecnologias, imbricando-a apenas a uma modalidade ou produto.

Nesse meio, está o docente. É o trabalho desse profissional em sala de aula que este estudo se propõe a discutir, fazendo-o na interface com a dialética[6], apontando as inquietações sobre o trabalho com a animação no processo educativo. Nas seções seguintes, nesta ordem, são apresentadas a minha aproximação com a linguagem da animação, o problema e os objetivos que nortearam a pesquisa, as justificativas para sua realização e, ainda, a tese aqui defendida.

## 1.1 A docente-pesquisadora e o objeto animação

A definição do recorte da pesquisa baseia-se no fato de que sou uma apreciadora de animações, mas, por certo, não só. Esse gosto pessoal me leva a desenvolver experiências com esse recurso em sala de aula e a atuar como entusiasta em cursos de formação docente para seu uso no processo educativo. Minha ida, como docente que trabalha com essa linguagem, em direção ao universo profissional da animação trouxe contribuições importantes para a delimitação do problema de pesquisa, conforme passo a narrar.

Esse movimento se iniciou muito antes do curso de doutorado, como participante, desde 2011, do Festival Internacional de Animação *Anima Mundi*, que ocorre no Rio de Janeiro e, atualmente, o segundo[7] maior do mundo dedicado a essa linguagem. Entretanto, foi a partir da 25ª edição, em 2017, que me inseri de forma mais aprofundada, dialogando com os animadores. No ano seguinte, participei de uma formação intensiva para professores interessados no trabalho com animação e estive envolvida como animadora em um filme criado por docentes, o qual, selecionado por processo seletivo, foi exibido na mostra do mesmo ano (2018).

Um encontro ocorrido ao longo da mostra de 2017 foi o estopim para o delineamento do objetivo que esta pesquisa intenta alcançar. Durante a mostra, estabeleci breve conversa com o uruguaio Walter Tournier, animador do primeiro longa-metragem em *stop motion* em seu país, que, após apresentar algumas de suas obras, promoveu o "Papo animado" com o público, abrindo espaço para questionamentos.

---

[6] "[...] pensar dialeticamente não significa apenas pensar as contradições, mas pensar por contradição" (Saviani, 2020, p. 327).

[7] O maior e mais reconhecido é o Festival de Annecy.

No decorrer do debate, indaguei Tournier sobre a importância da animação para a educação, ao que bochichos foram ouvidos na plateia, majoritariamente composta por animadores profissionais. *"A educação aprisiona o potencial criativo da animação"*[8], respondeu Tournier, deixando-me intrigada. Ao término daquele bate-papo, durante a visita à exposição dos bonecos usados em seu filme, houve abertura para fotos e diálogos, o que oportunizou mais um momento de troca com o animador, que justificou sua resposta à pergunta que lhe fiz anteriormente valendo-se de uma analogia:

> *A animação é como se fosse um grande pasto, uma grande fazenda onde podemos escolher os locais, passear por ela... A educação é o espaço da fazenda onde há um cercado, uma cerca para aprisionar os animais. A educação é este espaço cercado, enquanto que a animação é todo o restante. A educação aprisiona o potencial criativo da animação. É como se fosse uma cerca nessa grande fazenda. Por isso, considero que a animação na educação aprisiona o potencial criativo.*[9]

A princípio, houve divergência de visões. Como docente, entendo a animação na educação como parte dos processos de produção de conhecimento e de criatividade. Compreendo o ato de educar como caminho para emancipar o sujeito e concebo a animação como um dos mediadores desse processo. No entanto, meu olhar para essa linguagem artística, naquele momento, dava-se exclusivamente pelo viés da educação. Não houve tempo hábil para estender a conversa com Tournier. Contudo, sua exposição motivou-me a novos olhares sobre a relação entre o trabalho docente e o trabalho do animador, sem, todavia, a pretensão de fazer uma análise comparativa das atividades de ambos.

Nesse movimento, tentei compreender o que motivava a opinião de Tournier para, em seguida, situá-la no tempo-lugar que ele ocupa, o de animador profissional. O exercício foi entender seu trabalho — logo, sua visão — por uma perspectiva mais ampla, visto que a docência também é sua formação inicial. Em seguida, fiz o exercício de olhar para a animação do lugar que eu ocupo, o de docente, analisando se isso não produziria uma visão romantizada em relação ao trabalho com tal linguagem.

---

[8] A autorização do animador para o uso desses diálogos neste trabalho foi solicitada via e-mail, com resposta positiva.

[9] Walter Tournier (2017) em resposta a uma pergunta durante sua participação na 25ª edição do Festival Internacional de Animação *Anima Mundi*.

Em síntese, esse exercício me possibilitou conceber a animação distanciando-me da educação, mas sem perder o foco nesta área. Sem esse distanciamento do pesquisador em relação ao seu objeto de pesquisa — que, sabemos, ocorre apenas de forma parcial —, ficamos sujeitos a uma análise sem a profundidade e o nível de criticidade necessários.

Olhar para o distanciamento que Tournier toma da animação no processo educativo e, por outro lado, aproximar-me da animação no mercado de entretenimento e consumo fez-me questionar certezas que até então eu tinha sobre o potencial do uso da animação na escola.

Para resumir meu então romantismo, posso dizer que minha visão era de que a animação na educação transformaria o mundo. Frustrada com a resposta que recebi no breve diálogo com Tournier, conversei com outros animadores profissionais, na expectativa de que alguém concordasse comigo. Como isto não ocorreu, comecei a rever todo o trabalho que eu havia realizado sobre animação na educação. Não que eu tenha passado a desacreditá-lo; pelo contrário, passei a refletir sobre o processo de mediação no uso dessa linguagem para que ela possa ser mais que mero instrumento pedagógico, podendo atuar nas concepções críticas e criadoras do conhecimento. Por esse prisma, foi possível ampliar repertório, conceitos e técnicas, além de uma imersão mais profunda no universo da animação e, consequentemente, da educação, embora eu venha caminhando por ambos desde 2004.

Assim, ao adentrar o universo da animação profissional, o que também ocorreu em 2018, quando ministrei palestra sobre animação e educação no II Encontro de Cinema de Animação de Parati/RJ, para um público formado essencialmente por animadores, compreendi as singularidades em que atuam os profissionais das duas áreas. Aproximei-me das limitações que a educação impõe a essa linguagem. A dinâmica do sistema educacional e as inúmeras atribuições que ela reserva aos docentes, conforme os dados coletados com as professoras colaboradoras deste estudo, ainda que não impeçam a construção do conhecimento com a animação, erguem, para parafrasear Tournier, cercas que precisam ser consideradas.

A crise em que me vi ao estar diante de uma visão tão distinta da que eu trazia me fez, também, revisitar meu estudo de mestrado, o qual aborda experiências de crianças com a produção de animação (Monteiro, 2013). A releitura permitiu identificar lacunas que poderiam ser mais bem exploradas nesta segunda investigação. Notei, por exemplo, que o estudo trazia uma abordagem superficial sobre as concepções técnicas e criativas. Além disso, notei que a docente envolvida naquele estudo teve de realinhar seu trabalho com animação ao currículo de Arte, para justificar as produções, pois, naquele período (2012), as escolas públicas ainda não disponibilizavam livros de Arte, ao contrário do que ocorre desde 2016. Constatei, também, que a mediação do/no trabalho docente havia sido negligenciada naquela investigação: não por descuido, mas, por uma questão de delimitação, a pesquisa sustentou-se nas narrativas das crianças em meio à produção de animação, sem abertura à interlocução com o professor.

Essas lacunas, o movimento de aproximação com o universo profissional da animação e as experiências vivenciadas como formadora em cursos voltados a docentes que desejam trabalhar com animação, ministrados presencialmente e a distância desde 2012, proporcionaram-me reflexão, criticidade e superação de alguns pontos quanto à minha visão sobre a animação no processo educativo.

Todavia, ao revisarmos a literatura sobre educação e animação no recorte temporal 2005-2018[10], notamos que a aproximação entre as duas áreas também encontra limites, visto que a linguagem é abordada, em especial, com análises e produções que integram narrativas, métodos/metodologias/processos de ensino e experiências, sem tangenciamento com as especificidades inerentes ao trabalho docente.

Conforme o Gráfico 1, houve um aumento na produção de pesquisas sobre o tema em dois momentos do recorte utilizado: em 2006 e 2013. O primeiro crescimento pode ter sido consequência do lançamento, nas salas comerciais de cinema, do filme *A Batalha dos Vegetais* (2005), ganhador do Oscar de Melhor Animação em 2006, enquanto o segundo pode ser atribuído à chegada de *Piratas Pirados* (2012), indicado ao Oscar do ano seguinte.

---

[10] O recorte temporal dá-se em função de que, no banco de dissertações e teses da CAPES, os primeiros trabalhos com animação, vinculados às ciências humanas e à educação aparecem a partir de 2005. Após 2018, não foram encontradas pesquisas sobre a temática. É importante ressaltar que a revisão de literatura ocorreu também nas bases de dados da Associação Nacional de Pesquisadores em Artes Plásticas e na Associação Nacional de Pesquisa e Pós-Graduação em Educação. Os dados completos deste estudo estão em análise para publicação em periódico.

Gráfico 1 – Períodos de aumento na produção de pesquisas sobre animação.

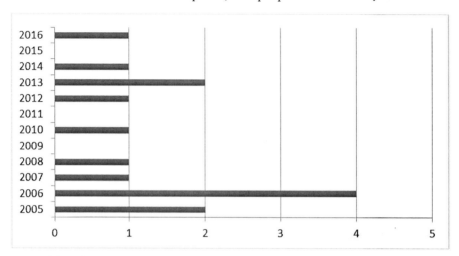

Fonte: elaborado pela pesquisadora com base em revisão de literatura (2018)

Os dois filmes mencionados foram produzidos com a técnica *stop motion*, e seus lançamentos receberam bastante atenção na mídia, impulsionando a veiculação, em canais da TV aberta, de reportagens especiais que destacavam o uso da técnica e o tempo de produção — em cada animação, foi de aproximadamente cinco anos. Tão importante quanto essas duas animações é *A Fuga das Galinhas* (2000)[11], também em *stop motion*, tido como o primeiro que usou a técnica em todo o seu transcorrer.

A maior parte dos estudos identificados na revisão de literatura apresenta a técnica *stop motion* como principal motivador para o desenvolvimento da animação, aparecendo como foco em 15 textos (Bento, 2010; Braz, 2013; Catelli, 2005; Coelho, 2004; Fontanella, 2006; Gomes, [200-?]; Millet, 2014; Monteiro, 2007, 2013; Oliveira, 2012; Pirola, 2006; Rosa, 2016; Vieira, 2008; Vilaça, 2006; Werneck, 2005) O termo "experiência", por sua vez, recebe ênfase em seis trabalhos, que destacam as vivências de alunos com animação (Gomes, [200-?]; Monteiro, 2007, 2013; Oliveira, 2012; Millet, 2014; Vilaça, 2006). Contudo, a linguagem é tratada como instrumento pedagógico em sete estudos (Bento, 2010; Catelli, 2005; Coelho, 2004; Fontanella, 2006; Pirola, 2006; Vieira 2008; Werneck, 2005), que sublinham sua aplicabilidade em projetos sobre meio ambiente e matemática.

---

[11] Há quem assegure que essa animação teria sido o motivo pelo qual a categoria de Filmes Animados foi inserida no Oscar, visto que, por não a indicar à categoria de Melhor Filme (Noronha, 2019), a academia responsável pela premiação acabou promovendo revolta no público, de acordo com a mídia televisiva da época.

A revisão permitiu constatar que, principalmente nos últimos anos do recorte analisado, o uso da animação na educação tem se popularizado ainda mais, tendo em vista o surgimento de aplicativos de celulares que permitem criação e edição na palma da mão. Todavia, em todo o período analisado, há uma carência de estudos sobre o trabalho docente com essa linguagem.

Essa mesma carência pode ser notada em buscas durante visita in loco que fiz à Biblioteca Pública de New York, em 2020. Entretanto, os materiais encontrados[12] são de áreas de conhecimento variadas, as quais destacam a animação como produto audiovisual, análise de filmes, técnicas de desenhos e, ainda, vivacidade, ou seja, animação no sentido de ânimo, lúdico, estado psicológico. Com base nesses resultados, podemos afirmar que, até 2020, o acervo da referida biblioteca não continha pesquisas sobre animação na educação e suas interfaces com o trabalho docente.

O trabalho docente com animação, que, na literatura, frequentemente, aparece como prática pedagógica, atividade educativa e/ou experiência com animação, não abarca o significado que atribuímos à expressão "trabalho docente", segundo compreendo; articula, ainda, o currículo e a práxis educativa. Por esse viés, a animação extrapola a possibilidade de se trabalhar com conteúdo didático, em um caráter meramente instrumentalizador. Não se pode ignorar que essa linguagem é um recurso ou instrumento; todavia, a depender de como sua aplicação ocorre no ambiente educativo, ela promove a educação libertadora e autônoma.

## 1.2 Problema

Uma vez que não foram identificadas discussões na literatura sobre o trabalho docente em uma perspectiva da mediação, tampouco pelo viés da educação para a liberdade e autonomia, da qual Paulo Freire (2017b, 2018) fez incansável defesa, que se estende até hoje por meio de suas obras, esta pesquisa é norteada pelos seguintes questionamentos:

**Como ocorrem os processos dialéticos do trabalho docente com a animação e como eles contribuem para promover a autonomia do aluno e do próprio professor?**

---

[12] Nos terminais de consulta da biblioteca, foram usados os descritores *"animation and education"*, com os quais não foram identificados estudos acadêmico-científicos. Por isso, nova tentativa de busca foi feita apenas com a palavra-chave *"animation"*, ao que foram mostradas 3.740 obras, sendo 1.539 livros, 1.230 DVDs, estando o restante dos materiais subdividido em VHS e outros disponíveis na web. Com a expressão *"animation cinema"*, foram encontradas 181 obras (dos quais 123 livros; 19 DVDs, e os demais VHS e web).

Neste estudo, portanto, o interesse não se restringe a trazer relatos de experiência ou levantamento de ações com o uso da animação em sala de aula, mas abarca alcançar uma compreensão sobre o trabalho docente com esse recurso e as possibilidades e/ou limitações para se promover a autonomia do aluno na produção de conhecimento.

Na reflexão sobre o trabalho docente, até mesmo na interface com a animação, é importante compreender que não bastam os conhecimentos específicos dos componentes curriculares pelos quais os professores estão responsáveis, pois o processo educativo envolve as mediações sociais, históricas e culturais, embora, por vezes, estas sejam desconsideradas. Partindo dessa premissa, segundo nossa compreensão, a forma como o professor desenvolve seu trabalho é diretamente influenciada pelos contextos que envolvem a produção e a análise de animação, pois estão inseridas no cotidiano dos alunos, por meio de desenhos animados, propagandas ou filmes.

Em adição, questões técnicas e criativas estão diretamente ligadas ao modo como a animação é criada, tanto em seu caráter profissional, tendo o mercado e/ou festivais como base, quanto em propostas educativas em sala de aula. Esses dois espaços em que a animação se insere são marcados por tensões e contradições, de acordo com as mediações. Cabe ressaltar, entretanto, que as mediações que ocorrem nas criações/produções profissionais são diferentes dos aspectos que envolvem a animação em ambientes educacionais, como a sala de aula, a começar pelos recursos, aparelhos e objetivos, como veremos ao longo deste livro.

## 1.3 Objetivos

Na perspectiva apresentada, este estudo tem por **objetivo geral** compreender os processos dialéticos do trabalho docente com a animação no que concerne às dimensões pedagógica, técnica e criativa e suas contribuições para promover a autonomia do aluno e do próprio professor.

O objetivo geral será alcançado com base nos seguintes **objetivos específicos**:

a. Analisar as contradições, processos e perspectivas de aprendizagem que emergem na dinâmica do trabalho docente com a animação;

b. Compreender como se dão os processos técnicos e criativos no trabalho com animação em sala de aula, seus limites e possibilidades;

c. Problematizar situações do trabalho com animação em sala de aula que impulsionam a promoção da autonomia de docentes e discentes.

## 1.4 Problematização

Este estudo busca defender que o trabalho com animação na sala de aula é criador, permite o trabalho colaborativo, rompe com as abordagens tradicionais de ensino e viabiliza tanto a técnica quanto a criação. Entender a animação como trabalho criador possibilita, para docentes e discentes, abertura à tomada de decisão por uma educação autônoma. Assim, a entrada da animação na escola, nas salas de aula, reposiciona os papéis de professores e alunos e as relações — entre eles mesmos; entre eles e os profissionais da escola; entre eles e a família. O aluno deixa de ser espectador para ser criador da animação. É uma outra tomada de posição, uma aprendizagem que emerge dos processos técnicos e criativos, possibilitando autoria e autonomia.

## 1.5 Justificativa

O interesse na temática animação no trabalho docente justifica-se por algumas razões, expostas a seguir:

a. A linguagem da animação não precisa ser utilizada em sala de aula pelo viés da instrumentalidade, apenas como entretenimento, como ocorreu ao longo do tempo. Com a ampliação do acesso às tecnologias em todos os âmbitos da vida, isso tem se modificado lentamente, abrindo espaço para a criação de filmes animados. Tal fato pode ser observado em alguns livros de Arte (Bozzano; Frenda; Gusmão, 2016; Pougy, 2014; Utuani; Luiz; Ferrari, 2014), os quais, mesmo que de forma superficial, abordam essa linguagem;

b. Todavia, superar a mera instrumentalização e a redução da linguagem esbarra em alguns empecilhos. Ainda que as abordagens curriculares mais atuais incentivem propostas educativas com o uso de tecnologias, o que permite aos docentes explorar essa linguagem com os alunos, a formação em animação para professores é escassa. Mesmo em cursos superiores[13] na área, a abordagem não contempla o viés pedagógico. Essa carência fragiliza os processos

---

[13] A Universidade Federal de Minas Gerais oferece o curso superior em Cinema de Animação, em cuja estrutura curricular, contudo, não há disciplinas de teor pedagógico.

e métodos educativos, pois pode transformar a ação em mero procedimento técnico, distanciada da produção de conhecimento como processo criativo, emancipatório e autônomo;

c. É relevante frisar, contudo, que, mesmo sem aprimoramentos e formações específicas, a animação tem sido cada vez mais usada na escola, segundo nossa observação empírica. Desse modo, alguns professores buscam projetos de extensão ou cursos livres que contemplem a animação e suas técnicas ou mesmo tutoriais na internet, o que não inviabiliza sua práxis;

d. Justifica-se, ainda, pela Lei 13.006/2014, a qual passou a fazer parte da Lei de Diretrizes e Bases da Educação (LDB) 9.394/1996 (Art. 26, § 8, que estabelece a obrigatoriedade da exibição de duas horas de filme nacional por mês) — a legislação não especifica a que gêneros tais filmes devem pertencer, o que permitiria a exibição de animações criadas em território brasileiro —;

e. Notamos que o trabalho docente com animação passa por transformações e ampliações do conhecimento acerca dessa linguagem por meio de cursos e interesses dos profissionais em utilizá-la em sala de aula. Por isso, o discurso de que a educação aprisiona o potencial criativo da animação precisa ser analisado com base no olhar e nas experiências da educação, da escola, dos docentes, daqueles que de fato "giram a roda" do fazer educativo.

## 1.6 Contribuições

A pesquisa é relevante, pois busca compreender o trabalho docente com a animação com os inúmeros desafios presentes no âmbito escolar, que podem engessar o caráter criativo em detrimento do domínio de uma técnica ou de um conteúdo, caso sua aplicação ocorra sem planejamento. No entanto, o que é primordial é o seu potencial mediador e emancipatório nas ações educativas.

Para a mídia, a animação é entretenimento oferecido por meio de propagandas e desenhos animados, com fins lucrativos ou para exibição em festivais; para a educação, ela é um recurso, para nós, uma linguagem que visa melhorar os processos de aprendizagem e de relação entre os pares, que perpassa a exibição e a criação de animação, mas vislumbra além dos muros da escola. Por isso, é necessário compreender os motivos que levam o professor a utilizá-la em sala de aula e como faz isso em diferentes situações, além das influências dessa linguagem no cotidiano do aluno, no trabalho docente e nas produções.

## 1.7 Organização do livro

O **capítulo 2** discute pressupostos do materialismo histórico-dialético com base em Marx e Freire[14], o qual tangencia a pesquisa, por considerarmos o trabalho docente como uma ação criativa. A partir disso, apresenta conceitos centrais na pedagogia freireana e que orientam o processo metodológico da investigação.

O **capítulo 3** apresenta o mapeamento de professores que, em 2017, estavam trabalhando a animação com seus alunos no Espírito Santo. Esse mapeamento permitiu a identificação das docentes que atuaram como colaboradoras desta pesquisa, e, ainda que seja parcial, visto que não alcançou todos os docentes do estado, com ele foi possível identificar algumas características dos professores que usavam a animação naquele momento em escolas capixabas.

O **capítulo 4** busca desfazer compreensões equivocadas em relação ao cinema e à animação, presentes mesmo em livros didáticos. Além de apresentar os princípios da animação, destaca o importante papel desempenhado pelo Festival Internacional *Anima Mundi*, bem como por museus nacionais e internacionais dedicados à linguagem na sua difusão para o ambiente educativo. Por fim, o capítulo discute o trabalho humano de modo geral e o trabalho docente, em particular, pela ótica marxista-freireana, ou seja, como ação criativa, com a qual professores intervêm no mundo, modificando-o e transformando a si mesmos.

O **capítulo 5**, por sua vez, apresenta e analisa os dados produzidos com as professoras e suas parceiras na criação de animações com seus respectivos alunos. Destaca as categorias que se sobressaíram na sistematização dos dados obtidos nas sessões de observação e em entrevistas individuais e coletivas. Nesse sentido, sublinha as parcerias formadas para o trabalho com animação; modos de organização do trabalho pelas docentes, os quais

---

[14] Paulo Freire não se declara marxista em seus escritos. O que aproxima Marx e Freire na perspectiva do materialismo histórico-dialético é a história do educador brasileiro, que priorizou a defesa da classe trabalhadora, o que incluía o entendimento da necessidade da alfabetização por um viés humanista e de direitos visando a melhores condições em seus empregos. Além disso, o educador proporcionava ações concretas, dentro da realidade dos educandos.

podem ter distintos pontos de partida; os processos técnicos e criativos, que ocorrem, apesar de tantas intempéries com as quais os atores se deparam no trabalho com a animação.

Por fim, o **capítulo 6** destaca as principais conclusões a que o estudo permitiu chegar, ressaltando que precisamos inserir temáticas relacionadas às tecnologias e à contemporaneidade, mas os modos de organização do sistema educacional e da escola são marcados por práticas tradicional-mecanicistas. Assim, um professor que busca escapar a esse ritmo, por exemplo, introduzindo a animação em sala de aula, pode ser considerado como um profissional que não cumpre suas obrigações. Isso porque os alunos (antes perfilados), o livro didático (antes o único material a guiar o processo de ensino-aprendizagem) e o currículo passam a existir de outra forma no trabalho com essa linguagem. A animação, em síntese, ao mesmo tempo que inaugura um ciclo de trabalhos orientados pelo diálogo, compartilha de experiências e entusiasmo dos educandos, os quais passam a vivenciar um clima de mais autonomia, também denuncia os inúmeros aspectos que agem na contramão desse caminho, por engessar o desenvolvimento de novas experiências.

# PROCEDIMENTOS METODOLÓGICOS

Esta pesquisa foi desenvolvida valendo-se de uma abordagem qualitativa, pois examina fenômenos e situações ocorridos em sala de aula sem a pretensão de quantificá-los. Com base em seus objetivos, caracteriza-se, à luz da definição de Gil (2008), como pesquisa exploratória. Nessa perspectiva, este capítulo abordará as concepções metodológicas e os instrumentos utilizados neste estudo, relacionados ao pensamento marxista e freireano.

O estudo contou com a participação de professoras e respectivas docentes parceiras, que envolveram seus alunos com a temática animação, analisando-as em seu ambiente de trabalho, a sala de aula, reunindo-as, posteriormente, para o diálogo. Essas docentes, portanto, foram envolvidas em uma "pesquisa colaborativa [que] propõe-se a reconciliar o professor com o pesquisador e a construção de saberes com a formação continuada" (Ibiapina, 2008, p. 27).

Os diálogos mencionados ocorreram em situações mais e menos planejadas: aconteceram nos intervalos das aulas observadas e, ainda, em entrevistas individuais e coletivas. Essa configuração, conforme a classificação proposta por Gil (2008), imprime à pesquisa o caráter de estudo de caso, pois pesquisa exaustivamente uma situação, o que, neste estudo, é o trabalho docente com animação.

Para André (2005), o estudo de caso é uma investigação empírica sobre uma atividade educacional dentro de dado limite de tempo e espaço, priorizando a ética. Seu intuito, conforme a autora, é debater questões pertinentes a serem investigadas pelo pesquisador, sendo usado

> [...] quando: (1) há interesse em conhecer uma instância em particular (2) pretende-se compreender profundamente essa instância particular em sua complexidade e totalidade; e (3) busca-se retratar o dinamismo de uma situação numa forma muito próxima do seu acontecer natural (André, 2005, p. 31).

Durante o curso de doutorado em Educação, a participação da pesquisadora no Seminário de Paulo Freire permitiu delinear o percurso metodológico realizado nesta pesquisa. Sobretudo, essa disciplina evidenciou os pressupostos filosóficos desse pensador brasileiro como fundamento teórico que orienta este estudo. Em outras palavras, todo o processo ocorreu com base na valorização dos saberes e do humanismo. A educação, nesse sentido, é aqui concebida como um ato criador, em busca de autonomia, consciência crítica e tomada de decisão, vinculando a condução metodológica a uma concepção do materialismo histórico-dialético, empregando-o pela ótica freireana.

Criado por Marx e Engels para confrontar o capitalismo e entender o movimento histórico de luta de classes, o materialismo histórico-dialético contempla questões sociais, políticas e econômicas e entende que a humanidade se define por sua produção material e pela luta de classes, na qual a burguesia recebe os lucros da classe operária, que vende sua força de trabalho (Thalheimer, 2014). O objetivo dessa abordagem é romper com a tradição idealista, pois apenas ideias não conseguem concretizar as mudanças da sociedade. O termo "dialético" explica-se pela análise das contradições do sistema capitalista, sendo posteriormente ampliado para a produção de conhecimento filosófico, histórico e sociológico (Marx, 2009, 2010).

Ainda que Marx e Engels não tenham elaborado seu pensamento no contexto da educação, esta se relaciona com aspectos sociais que envolvem diretamente a luta de classes e os direitos sociais, configurando-se como um processo que almeja a tomada de consciência do aluno como ser social e sobre a necessidade de superar a condição de exploração à qual ele se encontra submetido. A importância desse processo reside no fato de que,

> Assim como não se julga um indivíduo pela ideia que ele faz de si próprio, não se poderá julgar uma tal época de transformação pela sua consciência de si, é preciso, pelo contrário, explicar essa consciência pelas contradições da vida material, pelo conflito que existe entre as forças produtivas sociais e as relações de produção (Marx, 2008, p. 48).

O tangenciamento da pesquisa com o materialismo histórico-dialético e as concepções freireanas e sua interlocução com o ser social baseia-se no fato de que consideramos que o trabalho, mais especificamente, o trabalho docente, pode ser criativo, assim como a arte. Para Ostrower (1987, p. 32-33, grifo nosso),

> A imaginação criativa levantaria hipóteses sobre certas configurações viáveis a determinada materialidade. Assim, o imaginar seria *um pensar específico sobre um fazer concreto*. Um carpinteiro, ao lidar com madeira, pensa em termos de trabalhos a serem executados em madeira. As possibilidades

que ele elabora, mesmo ao nível de conjetura, não seriam, por exemplo, possibilidades para um trabalho em alumínio, com elasticidades, espessuras, moldes possíveis no alumínio. Ainda que as propostas constituam inovações, envolveu possibilidades reais existentes na madeira, com acabamentos, resistências, flexibilidades, proporções adequadas à madeira, eventualmente, até, a determinado tipo de madeira.

Nessa ótica, nossa proposição consiste na materialidade do trabalho docente, contudo analisando-o dialeticamente. Entendemos que a materialidade não consiste de

[...] um fato meramente físico mesmo, quando sua matéria o é. Permanecendo o modo de ser essencial de um fenômeno e, consequentemente, com isso delineando o campo de ação humana, para o homem as materialidades se colocam num plano simbólico, visto que nas ordenações possíveis se inserem modos de comunicação. Por meio dessas ordenações, o homem se comunica com os outros (Ostrower, 1987, p. 33).

A mesma autora argumenta sobre a necessidade de compreendermos que o materialismo é diferente de matéria, mas que se refere à ação humana. Benjamin (1994, p. 193), por sua vez, entende que o materialismo histórico

Separa a época de sua continuidade histórica reificada, e a vida da época, e a obra do trabalho da vida. Mas o resultado de sua construção é que, na obra, o trabalho da vida, no trabalho da vida, a época, e, na época, o curso da história são suspendidos e preservados.

O materialismo precisa estar agregado à história original, à história presente, pois, não havendo esse vínculo, o objeto, a matéria, o fato histórico não mais será o mesmo, não terá a mesma intensidade ou notoriedade. Nesse sentido, a abordagem freireana mostra-se relevante para o desenvolvimento desta pesquisa, pois dialoga com as experiências vividas, as experiências presentes.

Freire (2009) sistematiza seu método em *Pedagogia como prática da liberdade* e discorre sobre a educação bancária e tradicionalista com base na perspectiva de superação em *Pedagogia do oprimido* (Freire, 2017b). *Pedagogia da autonomia* (Freire, 2018), por sua vez, é um escrito para professores e sobre seu papel no processo de ensino-aprendizagem. Todas essas obras são de viés humanista, que argumentam pela emancipação dos sujeitos com base em seus saberes e contextos sócio-históricos.

À luz de Freire — não de seu método, mas pela natureza de suas interlocuções sobre a construção do conhecimento, os atores que dele participam e a dinâmica de seus contextos —, o caminho metodológico deste estudo está permeado por alguns conceitos basilares: situação-limite, produção de conhecimento, conscientização, práxis, libertação e diálogo, sobre os quais discorremos a seguir, de forma associada à descrição de como cada um foi aplicado no desenvolvimento desta pesquisa.

## 2.1 Situação-limite

Freire (2015, 2017b) aborda a categoria situação-limite como dimensões concretas históricas de uma dada realidade, as quais precisam ser superadas. Compreende obstáculos, barreiras que precisamos vencer no mundo. Desse modo, associamos a essa dimensão a escolha da temática e das docentes parceiras desta pesquisa, pois os dados coletados foram fundamentais para questionarmos e buscarmos reflexões para o uso da animação em ambiente escolar.

*Escolha do tema*

A princípio, a proposta de pesquisa estaria centrada na temática cultura, pois havia, por parte da pesquisadora[15], uma interlocução com os processos históricos e educativos da região Centro-Serrana do Espírito Santo. Contudo, como o tema cultura não compunha o escopo de estudos anteriores, tais conceitos, por vezes, tornaram-se um fardo, mesmo sendo um período academicamente produtivo, haja vista a participação em eventos sobre o assunto.

Nesse contexto, os diálogos entre pesquisadora e orientadora foi fundante, por apontarem a necessidade de um aprofundamento nas experiências. Por essa ótica, o tema norteador da pesquisadora, por mais de 15 anos, passou a ser a animação na educação. Com a modificação do tema, o projeto foi realizado tendo em vista o trabalho docente com a animação. A abordagem ao eixo técnica versus criação foi definida após a participação da pesquisadora no Festival *Anima Mundi*, no qual estabeleceu conversa com o animador uruguaio Walter Tournier, conforme já relatado no capítulo

---

[15] O texto deste capítulo foi escrito na primeira pessoa do plural, visto que as decisões ocorreram de forma conjunta entre a pesquisadora, a orientadora e o Grupo de Estudos Imagens, Tecnologias e Infâncias. Contudo, narrativas específicas estão na primeira pessoa do singular.

introdutório. A pesquisadora também participou de um curso intensivo que permitiu o contato com outros docentes interessados no trabalho com a animação em sala de aula. Além disso, entrevistas via WhatsApp foram realizadas com animadores profissionais, para situarmos o leitor acerca do universo da animação profissional no Brasil.

*Identificação das professoras parceiras*

Escolhido o tema, foi necessário identificar docentes que colaborariam com a pesquisa, o que foi feito com a aplicação de um questionário elaborado em 2017 no Google Forms ("Apêndice C"), encaminhado para grupos de WhatsApp que reuniam professores. Os participantes desses grupos, em sua maioria, eram vinculados à disciplina de Arte, área na qual também atua a pesquisadora. O instrumento também foi enviado via Facebook e e-mail para profissionais indicados por colegas da pesquisadora.

O intuito do questionário foi identificar professores que já realizavam trabalhos com animação em sala de aula e entender como o processo ocorria, além de conhecer opiniões dos docentes sobre questões relativas à técnica e à criação. O período de aplicação transcorreu de novembro de 2017 até início de fevereiro de 2018. Dos 16 professores que utilizavam a animação em sala de aula, 13 responderam ao instrumento. Uma respondente residia no estado de São Paulo e, em virtude de a participação no estudo ser delimitada aos docentes do Espírito Santo, as informações com ela coletadas foram desconsideradas.

Esse mapeamento mostrou que o trabalho docente com animação está presente em diferentes municípios do Espírito Santo: Barra de São Francisco, Colatina, Santa Teresa, Venda Nova do Imigrante, Domingos Martins e Cachoeiro de Itapemirim, além de Vitória, Serra e Viana — esses três últimos, integrantes da Região Metropolitana da Grande Vitória. Cariacica, outro município metropolitano, não aparece no mapeamento, mas ali, de 2009 a 2011, esta pesquisadora atuou na rede de ensino deste município, desenvolvendo trabalhos com animação. Dos municípios mencionados, Vitória e Domingos Martins estão representados por três docentes que trabalham com animação com alunos do Ensino Fundamental I (1º ao 5º ano), com os quais o estudo foi realizado.

Os dados obtidos com o questionário compõem nossa situação-problema e estão analisados no capítulo 3, assim como as observações realizadas nas aulas.

## 2.2 Produção de conhecimento

A educação é uma prática social que se realiza em espaços que extrapolam a escola, e é nessa perspectiva que vislumbramos um conhecimento que se interconecta e dialoga com as condições dos estudantes. A produção de conhecimento, assevera Freire (2015, 2017b, 2018), ocorre por meio da troca, da interação entre os pares; constrói-se nas mediações sociais; não é estático, e, sim, um saber que se acumula e se transforma constantemente.

Nesse viés, nossa interlocução com as categorias e/ou conceitos freireanos permite-nos associar a produção de conhecimento aos projetos criados pelas docentes, pois estes permitiram olhar o estudante com base em sua individualidade, mas pensando no coletivo. Por meio desses projetos, o estudante interage com seus pares e com os professores no intuito de aprender sobre as animações. Na ótica freireana, a produção de conhecimento busca uma valorização do saber do estudante e um distanciamento das abordagens tradicionalistas, pautadas em uma educação baseada na transmissão de conhecimento, em vez de troca que possibilita a aprendizagem. Os projetos apresentados mostram a tentativa das docentes em garantir um processo de autonomia e interação para novos saberes.

*Docentes com projetos com animação em 2018*

O questionamento que norteia esta pesquisa foi respondido com a análise de projetos que os docentes estavam realizando no ano letivo de 2018. Tendo em vista esse recorte, a aplicação do questionário permitiu identificar as professoras Maria de Fátima Carvalho; Raquel Falk Toledo [ambas da rede municipal de Vitória, respectivamente, das Escolas Municipais de Ensino Fundamental (EMEF) Experimental de Vitória/UFES e Adilson da Silva Castro]; e Rebeka Carvalho Bringer Moreira da Silva (EMEF Santa Isabel, Domingos Martins), além de outras parceiras que as auxiliaram na realização do trabalho com animação com seus alunos.

Maria de Fátima optou por um trabalho na disciplina Informática Educacional durante o primeiro semestre, enquanto Raquel o fez durante uma semana, na turma na qual era regente. Rebeka, por sua vez, usaria parte de um bimestre para compor sua proposta de *flipbook*[16], ao passo que as professoras da rede de Vitória escolheram o filme de animação como produto de seu trabalho.

---

[16] Pequeno livro contendo desenhos de imagens sequenciadas que, ao ser folheado, dá a ilusão de movimento.

Foram observados todos os momentos que envolviam a animação, totalizando 56 aulas (Maria de Fátima, 32; Raquel, 8; Rebeka, 16), todas gravadas em áudio e registradas em diário de campo. As 46,66 horas de gravação em sala de aula não contemplam as entrevistas individuais e a conversa coletiva de devolutiva com as docentes. Além disso, em função de seu interesse e preocupação, por exemplo, reforçando a importância das parcerias, do incentivo e da organização de espaços e materiais para auxiliar na proposta, a diretora da EMEF Experimental de Vitória/UFES também foi entrevistada.

Do extenso material em áudio, foram selecionados para a inserção nesta pesquisa os fragmentos que consideramos pertinentes para responder aos objetivos da pesquisa aqui relatada. A participação da pesquisadora no ambiente escolar ocorreu com a autorização das respectivas escolas ("Apêndice A"), bem como de diretores, pedagogos e professores, as quais foram documentadas.

## 2.3 Conscientização

Em seu livro *Conscientização*, Freire (1979) advoga por uma educação que prepare o educando para a reflexão crítica, de modo que ele aprenda a se posicionar perante o mundo, pois não há conscientização desvinculada de ação sobre o mundo. A conscientização tem por finalidade uma reflexão/ação sobre a realidade e os modos de ser e ver. Requer distanciamento do objeto analisado, com vistas a formular em relação a ele um entendimento crítico e, da parte do professor, acima de tudo, significa buscar a inclusão dos alunos com base nessa compreensão. Consideramos, então, que a conscientização é um comprometimento com a educação.

Na interação entre pesquisadora e projetos de animação desenvolvidos pelas docentes participantes desta pesquisa, dialogamos com o conceito de conscientização. Isso porque houve análise da realidade em questão, processo crítico e distanciamento, mas, acima de tudo, consciência da necessidade de suporte da pesquisadora às professoras quando necessário — por exemplo, quando os alunos não estavam entendendo algum aspecto ou quando um conhecimento da pesquisadora sobre os processos técnico e criativo poderia ampliar a compreensão dos atores. Em adição, um fator que aprimorou o processo de conscientização foi a inserção da pesquisadora em eventos e contextos da animação profissional, o que lhe possibilitou se distanciar da educação, ao mesmo tempo que compreendia outro universo, o da animação.

*Interação entre pesquisador e projetos*

Em virtude de os projetos com animação serem das docentes em suas respectivas escolas, de início, a intenção era que a observação do trabalho com animação se restringisse à sala de aula. No entanto, as circunstâncias e a atuação da pesquisadora em trabalhos com a temática levaram-na a uma interação mais intensa e colaborativa com as professoras. Tal interação ocorreu com autorização ou solicitação das docentes diante das necessidades vivenciadas no decorrer do processo, como na apresentação e exposição dos brinquedos ópticos, uso de equipamentos no andamento da proposta e auxílio com os grupos de alunos na execução da produção. Essa interação resultou em um processo de colaboração não apenas entre pesquisadora-professoras e suas parceiras, mas entre pesquisadora-escola, escola-alunos, alunos-alunos e alunos-pesquisadora, uma troca de experiências única.

## 2.4 Práxis

Ao dialogarmos com Freire (1983, 2018), constatamos que a práxis é uma relação dialética entre a ação e a reflexão, mundo e consciência, que se vinculam pela mediação. Define-se, ainda, como processo de "viver a abertura respeitosa aos outros e, de quando em vez, de acordo com o momento, tomar a própria prática de abertura ao outro objeto da reflexão crítica, [o que] deveria fazer parte da aventura docente" (Freire, 2018, p. 69). Essa aventura ocorre com rupturas, mesmo que tímidas, com as abordagens da educação "bancária", aquela que se pauta em mera transmissão de conhecimentos, sem levar em conta o contexto de quem aprende e, tampouco, sem visar à sua emancipação.

Se o processo de conscientização é uma reflexão sobre a realidade, a práxis seria sua própria ação, pois busca promover transformação. "É exatamente esta capacidade de atuar, operar, de transformar a realidade de acordo com finalidades propostas pelo homem, a qual está associada sua capacidade de refletir, que o faz um ser da práxis" (Freire, 1983, p. 17).

Como possibilidade concreta de transformar a realidade, destacamos a criação de animações como mais um passo metodológico na composição desta pesquisa.

### Criação das animações

A criação das animações foi realizada em ambiente escolar, com a mediação das professoras, e estavam relacionadas aos conteúdos curriculares. Cada docente optou por uma técnica, em consonância com suas abordagens metodológicas (tratadas no capítulo 5), de modo que Maria de Fátima e Raquel optaram pelo filme de animação em *stop motion*, enquanto Rebeka escolheu os *flipbooks*.

## 2.5 Libertação

Na sistematização de sua experiência, Freire (2017b, p. 59) entende a libertação como via para superar a educação bancária e da opressão, uma "vocação histórica e ontológica de ser mais". À luz desse pensador, entendemos que a produção e a exibição de animações se constituem em formas de superação, logo libertação, pois, nesse processo, o trabalho docente em sala de aula supera as adversidades encontradas na execução do projeto.

### Apresentações

Os projetos de todas as três docentes culminaram com a apresentação dos resultados à comunidade escolar e aos familiares das crianças, fosse por meio de mostras, fosse por entrega das atividades. As exibições aconteceram no fim do ano letivo de 2018.

## 2.6 Diálogo

A fala é inerente ao homem; e o diálogo, uma forma de constituir-se socialmente com os pares. O diálogo possui papel fundante na estruturação do ensino, pois possibilita aos docentes se comunicarem com os estudantes e romperem com as estruturas da educação bancária. Na concepção freireana,

> O diálogo é o encontro entre os homens, mediatizados pelo mundo, para designá-lo. Se ao dizer suas palavras, ao chamar ao mundo, os homens o transformam, o diálogo impõe-se

> como o caminho pelo qual os homens encontram seu significado enquanto homens; o diálogo é, pois, uma necessidade existencial (Freire, 1979, p. 42).

O diálogo é um conceito que perpassa a vasta produção freireana e marca profundamente a experiência do autor. Conforme notamos nas observações das aulas, o diálogo aparece de forma horizontal entre alunos-professoras, professoras-professoras e professoras-equipe pedagógica. Porém, o tempo de aula não permitia diálogo sobre a pesquisa, o qual era estabelecido nos corredores e, posteriormente, ampliado por meio de entrevista individual e pela conversa coletiva, conforme descrito a seguir.

### Entrevistas

Como forma de compor as experiências educativas e avaliar o trabalho desenvolvido, foram realizadas entrevistas com todas as docentes e suas parceiras. A intenção era ter um momento em que os participantes pudessem falar e se posicionar sobre as ações realizadas, pois, no decorrer das observações das aulas, conforme destacado, tal conversa não foi viável pelas demandas pedagógicas. Nesse sentido, além das observações em sala de aula, registradas em diário de campo, foi necessária uma conversa para sanar algumas dúvidas e registrar a opinião das professoras sobre o trabalho com animação.

### Conversa coletiva para devolutiva

Outro passo do caminho metodológico foi a conversa coletiva com quatro[17] docentes colaboradoras deste estudo (Maria de Fátima e Cristiane Souza, docente que foi sua parceira; Raquel; e Rebeka), realizada em março de 2019, um momento de rememorar o trabalho do ano letivo anterior. O intuito foi promover a troca de experiências proporcionada pela animação, além do debate sobre as dificuldades e possibilidades de seu uso na educação. Durante a conversa, foram apresentados aspectos identificados pela pesquisadora valendo-se das observações realizadas nas salas de aula, entregues às docentes para seu conhecimento e respaldo ("Apêndice B").

---

[17] O convite foi extensivo a todas as parceiras do trabalho docente com animação, algumas das quais, em função de outros compromissos, não puderam comparecer.

O caminho descrito auxiliou no entendimento da mediação educador-educando e na compreensão e definição das categorias de análise. Tendo a visão humanista como norte, foi possível vislumbrar não apenas as capacidades técnicas e criativas, mas o que tem movido a educação: a perspectiva de uma educação pautada pela autonomia.

Ainda à luz de Freire, podemos sintetizar a abordagem metodológica utilizada no presente estudo como sendo composta por três etapas, como mostra o Quadro 1.

Quadro 1 – Síntese das etapas da pesquisa

| Etapa proposta por Freire | Ações correspondentes nesta pesquisa |
|---|---|
| Investigação | Mapeamento para identificação de professoras docentes com projetos de animação que pudessem ser colaboradoras desta pesquisa e compreensão de seus contextos. |
| Tematização | Aplicação do projeto, incentivo ao processo de criação e produção das animações. |
| Problematização | Apresentação das animações ao público externo e conversa com as professoras colaboradoras da pesquisa e parceiras, de modo a analisar, avaliar e problematizar o uso da animação na sala de aula. |

Fonte: elaborado em analogia às proposições de Brandão (1981) e Freire (2009)

# 3

# MAPEAMENTO DE DOCENTES DO ESPÍRITO SANTO ADEPTOS DO TRABALHO COM ANIMAÇÃO: BREVE CARACTERIZAÇÃO

Neste capítulo, apresentamos uma breve caracterização do trabalho com animação no Espírito Santo na interface da educação. Descrevemos os professores que atuam com animação em relação a área e níveis de ensino em que atuam. Em especial quanto ao gênero, fazemos uma correlação entre o cenário da animação profissional e do ambiente escolar. Esse processo permitiu, também, identificarmos as participantes desta pesquisa.

A composição do nosso "nós" da pesquisa deu-se com a aplicação, em 2017, de um questionário ("Apêndice C"), com o qual, inicialmente, foram identificados os docentes que se utilizavam da animação em sala de aula no Espírito Santo. O contato com esses docentes foi estabelecido por meio de redes sociais (WhatsApp e Facebook), nas quais, em grupos que reúnem esses profissionais, foram identificados 16 docentes do Espírito Santo que já possuíam experiência com animação no ambiente escolar.

Ao todo, 13 docentes responderam ao questionário. Todos os docentes pertencem à rede pública de ensino, sendo Raquel a única a atuar também na rede privada. Ainda que não tenha sido aplicado com a finalidade de responder aos objetivos da pesquisa, pois sua função, a priori, foi mapear os professores que trabalham com animação e, assim, selecionar os participantes deste estudo, o instrumento permitiu algumas observações acerca dos docentes que trabalham com animação, as quais passamos a destacar.

Entre os respondentes, 41,1% estavam na faixa etária de 30 a 35 anos. Por isso, aventamos que a infância e a adolescência desses professores foram marcadas por exibições de desenhos animados transmitidos pela TV aberta. Desde a década de 1990, esse formato era comum na programação das manhãs da TV Globo. Mas o tempo a ele destinado foi se reduzindo, até sua retirada total em 2012. Atualmente, apenas a TV Cultura e o SBT destinam em sua programação algum tempo para exibir desenhos, mas nada se compara ao que se via antes. O envolvimento desses professores com a animação também pode estar associado à repercussão do filme *A Fuga das Galinhas*, lançado em 2000, quando, conforme mencionado, diversos programas televisivos fizeram reportagens sobre a técnica usada, a animação em *stop motion*.

No que tange à formação, conforme o Gráfico 2, embora a maioria dos professores seja vinculada à área de Arte, os de outras áreas também exploram a linguagem animada com seus alunos.

Gráfico 2 – Formação inicial dos professores envolvidos na pesquisa

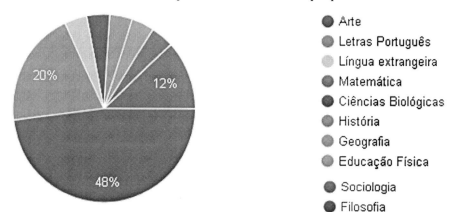

Fonte: elaborado com base no questionário aplicado no âmbito desta pesquisa (2017)

A forte presença dos professores de Arte trabalhando com animação (48%) é justificada pelo fato de que o currículo da graduação nessa área possui a disciplina de vídeo, o que, mesmo que de forma superficial, trabalha algumas alternativas relativas ao uso da animação. Para os professores com formação inicial em Arte, o trabalho com animação combina diversas linguagens, tais como o desenho, a pintura, a escultura (modelagem) e o cinema. Contudo, a contar pela experiência vivida pela pesquisadora em sua graduação, com pouco ou nenhum foco no viés pedagógico.

Também é possível que a alta concentração de professores de Arte envolvidos com a animação resulte do viés da conveniência usada na escolha da amostra. Isso porque, sendo a pesquisadora da área de Arte, também o é grande parte de sua rede de contatos que auxiliou na divulgação do questionário nas redes sociais.

À época da aplicação do instrumento, 46,2% contabilizavam média de 6,5 anos de trabalho com animação. Conforme aventamos, o envolvimento dos professores com a linguagem em anos recentes pode ser consequência de cursos e oficinas ministrados na última década. Por exemplo, podem ser mencionadas as duas edições do curso de cinema do SESC Glória (2011 e 2012), além de oficinas ministradas por esta pesquisadora valendo-se de sua inserção como tutora do curso de Artes Visuais da UFES, ministradas em 2012, 2013, 2017 e 2018 em caráter de extensão.

É importante, ainda, mencionar as reformulações nas bases curriculares, as quais introduziram as tecnologias em todas as áreas de conhecimento. A experiência dos docentes também pode ter sido impulsionada pela disponibilidade e difusão dos softwares de animação e edição de imagens por intermédio de celulares, o que facilita a elaboração de uma animação e reduz o receio que muitos professores têm de utilizar esses softwares em computadores.

Com relação ao nível educacional de atuação dos docentes, a maior parte dos que responderam ao questionário trabalha no ensino fundamental (9 de 13, com 3 atuando em concomitância no ensino médio) seguido pelo ensino médio, conforme o Gráfico 3.

Gráfico 3 – Nível em que atuam os professores envolvidos no mapeamento inicial

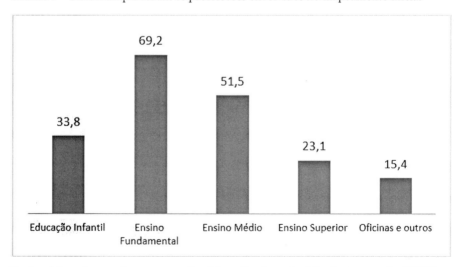

Fonte: elaborado com base no questionário aplicado no âmbito desta pesquisa (2017)

Os professores destacaram, em conversa via redes sociais, que preferem trabalhar com animação no ensino médio, em função de os estudantes já dominarem as tecnologias e terem a possibilidade de prosseguir e/ou concluir um trabalho usando o tempo extra-aula. O Gráfico 4, a seguir, mostra como a linguagem é utilizada pelos docentes.

Gráfico 4 – Como os professores trabalham com animação[18]

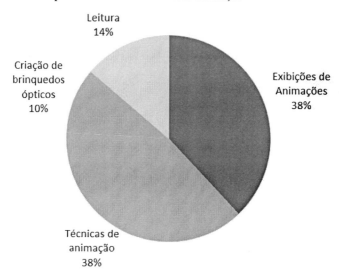

Fonte: elaborado com base no questionário aplicado no âmbito desta pesquisa (2017)

As respostas sugerem que a animação vem sendo utilizada de diferentes modos no ensino, e a exibição de filmes é o mais frequente (38% dos professores).

Além disso, foi possível notar que, mesmo sem formação específica em animação, dada a escassez de cursos na área, os docentes usam a linguagem para auxiliar os discentes no aprendizado de conteúdos e princípios humanos, pois ela *"pode abrir caminhos para nossos processos criativos. Com a técnica em prática [...] [é] possível criar métodos"*[19].

Outro aspecto observado diz respeito ao gênero dos docentes que trabalham com animação. Antes de apresentar os dados, é importante lembrar que, ao se falar em gênero, o que vem à mente são nomenclaturas simplificadas,

---

[18] A categoria "leitura" substitui a categoria "análise semiótica", que se encontra no questionário ("Apêndice C"). A substituição dá-se pelo entendimento posterior de que a leitura abrange outras possibilidades de análise, não apenas de caráter semiótico.

[19] Professora A, 2017, questionário.

tais como "homem" e "mulher" e/ou "masculino" e "feminino" (Guedes, 1995). Nos últimos anos, no entanto, há tentativas de rompê-las, visto que o gênero — ancorado em uma hierarquia em que o masculino está no topo, pela influência da cultura patriarcal — extrapola questões de ordem biológica e papéis sociais.

Dito isso, destacamos que, conforme o Gráfico 5, o trabalho efetivo com a criação de animações em sala de aula é majoritariamente realizado por mulheres.

Gráfico 5 – Distribuição por gênero dos docentes que trabalham com animação

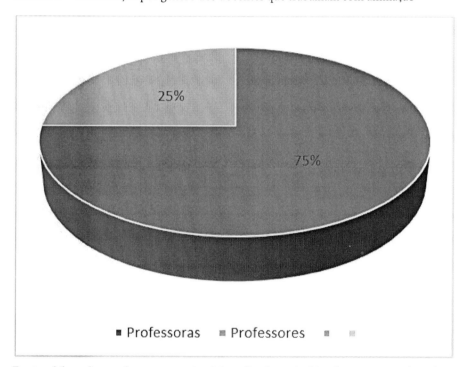

Fonte: elaborado com base no questionário aplicado no âmbito desta pesquisa (2017)

A presença maciça das mulheres na atividade docente aparece no levantamento do Instituto Nacional de Estudos e Pesquisas (INEP, 2020), conforme o qual, entre os professores do Espírito Santo, 36.567 são mulheres e 9.588, homens, totalizando 46.155 educadores (Gráfico 6). No que diz respeito aos municípios em que as docentes colaboradoras desta pesquisa atuam, o mesmo levantamento indica que em Domingos Martins estão cadastrados 451 docentes, dos quais 366 mulheres (Gráfico 7). Já em Vitória, há 5.069 professores, sendo 3.840 mulheres (Gráfico 8).

Gráfico 6 – Distribuição por gênero dos docentes do Espírito Santo

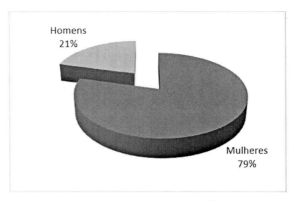

Fonte: elaborado pela autora com base em dados do INEP (2020)

Gráfico 7 – Distribuição por gênero dos docentes de Domingos Martins

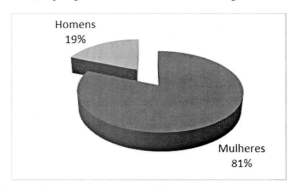

Fonte: elaborado com base em dados do INEP (2020)

Gráfico 8 – Distribuição por gênero dos docentes de Vitória

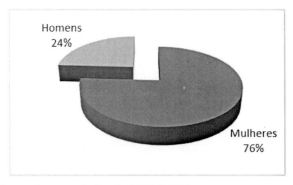

Fonte: elaborado com base em dados do INEP (2020)

Assim, a educação nos municípios nos quais atuam as docentes colaboradoras desta pesquisa e no Espírito Santo como um todo tem forte participação feminina.

A forte presença feminina no trabalho com animação em sala de aula difere do que ocorre na animação profissional, em que a maior parte da força de trabalho é composta por homens[20]. Isso pode ser constatado quando, ao buscarmos uma aproximação com a animação profissional visando explorar esse universo, nossos colaboradores são todos homens — além de Sávio Leite, Walter Tournier e Fábio Iamaj. Para Leite, todavia, a presença feminina tem aumentado no *stop motion*[21].

Em 2019, o *Anima Mundi*, com seus parceiros/patrocinadores, realizou um mapeamento sobre a animação no Brasil[22] para localizar as produções e animadores além do eixo Rio-São Paulo. O mapeamento aborda os locais em que estão os profissionais da área, o tipo de trabalho que realizam e as empresas de animação, mas não detalha questões de gênero.

Nas duas áreas, essa distribuição é reflexo de uma educação patriarcal, a qual destina às mulheres as funções de cuidado, antes desempenhadas em espaço restrito e íntimo, o lar, com o marido, com os idosos e, sobretudo, na educação dos filhos e tarefas domésticas. Quando a mulher passa a participar do mercado de trabalho, na segunda metade do século XX, sobretudo a partir dos anos 1970, a educação torna-se um dos espaços que ela passa a ocupar.

Nessa dinâmica, muitas mulheres, que, antes, com direitos limitados, não podiam avançar nos estudos, para ter garantida certa liberdade, saíam da casa da família em busca de trabalho voluntário (Luz; Fuchina, 2009). Posteriormente, passavam a frequentar cursos de magistério — atividade socialmente vista como extensão do cuidado que elas deveriam oferecer em âmbito familiar —, a ponto de, hoje, serem a maioria dos docentes. Entretanto, é importante considerar que,

> Desde os primórdios da Revolução Industrial, mulheres trabalhavam fora de suas casas para assegurar o sustento dos seus filhos e tiveram cotidianos angustiados pelos problemas de casa levados para o emprego. A situação nova com a profissionalização das mulheres é que o seu cotidiano não se resume ao agora, mas é um projeto. Profissionalizar-se é adquirir outra identidade, outro modo de sociabilidade. Além

---

[20] Sávio Leite, 2020, entrevista por WhatsApp.

[21] *Ibid.*

[22] Ver em: http://mapeamentoanimacao.com.br/. Acesso em: 15 set. 2023.

> do exercício de uma profissão e além do significado de sua remuneração, o trabalho fora de casa é, para as mulheres de classe média, um projeto individualizador (Ardaillon, 1997 *apud* Luz; Fuchina, 2009, p. 8).

Se o avanço da mulher é notado na educação, em outras profissões, como parece ser o caso do animador, as portas ainda não se encontram tão abertas para elas, o que vem mudando só mais recentemente, quando, por pressão social, elas passam a atuar nas mais diversas áreas. Assim, apenas 3% das direções de filmes de animação são feitas por mulheres (Mulheres [...], 2019), ou seja, um espaço essencialmente masculino.

> Se a animação brasileira completou 100 anos em 2017, foi apenas no ano 2000 que uma mulher, Mariana Caltabiano, assinou a direção de um longa-metragem do gênero no país. Durante a 2ª edição dos Encontros Internacionais de Mulheres no Cinema de Animação, que abriu o 42º Festival de Annecy, em 2018, os números mostram que o setor continua amplamente dominado pelos homens, um assunto que tem atraído a atenção do evento há vários anos, e que foi bastante discutido este ano pela associação francesa *Les Femmes s'Animent* (As Mulheres se Animam), fundada em 2015, e a norte-americana *Women in Animation (Mulheres na Animação),* criada há 15 anos. [...] a herança machista deixou seu rastro na animação brasileira, segundo a diretora da ABCA [Letícia Friedrich]. "[...], venho ouvindo muitas histórias, que incluem desde machismo até homens não aceitarem mulheres em posições como diretoras ou roteiristas principais, projetos roubados de mulheres dentro de estúdios e dados a um homem, tudo isso ainda acontece [...]" (Mulheres [...], 2019).

Ao contrário do que ocorre no universo da animação profissional, composta majoritariamente por homens, o trabalho com essa linguagem em sala tem sido fomentado, sobretudo, por mulheres, que a põem em evidência. Isso traz perspectivas de que a presença e uso da animação se intensifique no espaço escolar, pelo potencial que tem demonstrado no processo educativo-artístico, como será visto adiante.

Posteriormente à aplicação do questionário, buscamos saber com os professores que responderam ao instrumento, quais desenvolveram atividades de animação com crianças no ano letivo de 2018. Resposta positiva foi dada por três professoras dos anos iniciais do ensino fundamental de escolas públicas: Maria de Fátima, Raquel e Rebeka.

Uma vez que essas docentes estabeleciam outras parcerias para a elaboração dos trabalhos com animação, para a produção e, ainda, nos processos de mediação, a equipe de docentes parceiras da pesquisa foi ampliada com a participação de outras docentes, bibliotecária, pedagogas. As professoras, além disso, receberam colaborações indiretas da gestão pedagógica. Essas profissionais serão apresentadas quando fizermos a descrição do trabalho docente.

# 4

# ANIMAÇÃO E O TRABALHO DOCENTE NA PERSPECTIVA DO TRABALHO CRIATIVO

Este capítulo aborda os conceitos basilares da animação e seus principais fundamentos técnicos. Discorre, ainda, sobre a influência do Festival Internacional de Animação – *Anima Mundi* e o uso da animação em sala de aula. Também apresenta museus de animação, no Brasil e no exterior, de modo a analisar o lócus dessa linguagem na educação, visto que esses espaços permeiam formação e processos educativos. O texto, por fim, apresenta o trabalho nas perspectivas humana e criadora como intervenção no mundo, com base na animação, para, então, analisar os conceitos de trabalho docente e formação educacional.

## 4.1 Cinema de animação, desenho de animação, desenho animado ou animação?

Quando se fala em animação, uma ampla gama de termos é usada para defini-la, entre os quais "cinema de animação" e "desenho animado", portanto "cinema de animação" é um termo polissêmico. No entanto, cada uma dessas expressões possui significados diferentes, e seu entendimento correto evita conceituações deturpadas, que se referem a outros termos.

Usado por mais de um século, a expressão "cinema de animação" é dada em função de o cinema ter sido um suporte técnico, ou seja, um meio pelo qual a animação se estabeleceu, mesmo que esta tenha surgido antes. Ao nos referirmos a tal linguagem como "cinema de animação", dá-se a entender que ela é dependente do cinema, sendo subsidiada por ele, configurando-se uma espécie de modalidade. Contudo, a animação não depende do cinema, sendo, ela mesma, cinema.

Outras expressões similares que, porém, não são sinônimo de animação são "desenho animado" ou "desenho de animação", muito usadas, de forma equivocada, para delimitar animações para crianças. Desenhos animados são ilustrações realizadas em suportes específicos como película ou papel, registrados sequencialmente e fotografados *frame* a *frame* (quadro a quadro), sendo uma das técnicas da animação, e não sua definição.

*[...] gosto de definir, hoje em dia, nossa linguagem como "animação", simplesmente, sem necessidade de se referir mais ao "cinema", que foi o principal suporte técnico da animação por cerca de um século, e já não o é mais. Hoje a animação representa para mim a linguagem audiovisual como um todo, sendo o cinema – ao vivo, dependente da representação fotográfica –, apenas uma das muitas formas pela qual a linguagem da animação pode se manifestar.*[23]

Nessa perspectiva, a palavra "animação" faz referência a uma linguagem capaz de interpretar o movimento conforme imagens sequenciadas que dão a ilusão da ação, da realidade, sendo elas criadas por meio de fotografias, desenhos ou suportes digitais. O movimento na animação é construído com base na dependência de um mediador que estabelecerá seu início e término. Nesse conceito, o uso da câmera, de computadores ou equipamentos que simulam o movimento de forma automática ou manual é importante, pois há a necessidade de aceleração das imagens, além de tais recursos serem capazes de mediar as ações. O uso de diferentes técnicas também compõe esse cenário, como a animação em areia, em recorte, com massa de modelar, 2D[24], 3D[25] e o *pixilation*[26]. Todas utilizam o mesmo parâmetro de "movimentar-parar-registrar", uma linguagem própria, diferente do cinema, no qual o movimento é real, e não criado, como na animação.

O termo "animação" vem do latim e significa "dar vida a", o que torna um movimento criado, uma ilusão, em que é possível "dar vida a" objetos inanimados, sem vida, ou permitir a seres humanos voar, entrar em bolsas ou sumir, por meio de truques de imagens que são estabelecidos pelo quadro a quadro, pelo parar e movimentar.

A animação ocorre na intenção de um movimento inicial e um movimento final. É uma ilusão que se cria por meio do movimento. Animação é cinema, todavia a diferença entre ambos é o quadro a quadro, pois na animação a cena é construída imagem a imagem. Desse modo, para o cérebro compreender a imagem em movimento, ocorrem os fenômenos ópticos chamados de persistência retiniana e efeito *phi*, explicações científicas para o entendimento do motivo pelo qual não enxergamos as imagens de uma animação separadamente, e sim com a sensação da ilusão de movimento, conforme Machado (1997). Com base em Chanan, Aumont *et al.* e Sauvage, o mesmo autor detalha que

---

[23] Marcos Magalhães, 2018, entrevista via e-mail.

[24] Técnica com o uso de desenhos em duas dimensões (altura e largura).

[25] Além de altura e largura, a terceira dimensão é a profundidade.

[26] *Pixilation* é uma técnica de animação que consiste na utilização de pessoas e objetos prontos. Seu uso permite efeitos especiais, tais como: fazer uma pessoa entrar em uma bolsa, atravessar uma parede, entre outros.

> [...] o fenômeno da persistência da retina nada tem a ver com a sintetização do movimento: ele constitui, aliás, um obstáculo à formação das imagens animadas, pois tende a superpô-las na retina, misturando-as entre si. O que salvou o cinema como aparato técnico foi a existência de um intervalo negro entre a projeção de um fotograma e outro, intervalo esse que permitia atenuar a imagem persistente que ficava retida pelos olhos. O fenômeno da persistência da retina explica apenas uma coisa no cinema, que é o fato justamente de não vermos esse intervalo negro. A síntese do movimento se explica por um fenômeno psíquico (e não óptico ou fisiológico) descoberto em 1912 por Wertheimer e ao qual ele deu o nome de fenômeno *Phi*: se dois estímulos são expostos aos olhos em diferentes posições, um após o outro e com pequenos intervalos de tempo, os observadores percebem um único estímulo que se move da posição primeira à segunda. Isso significa que o fenaquisticópio, que Plateau construiu para demonstrar a sua tese da persistência da retina, na verdade explicava o fenômeno *Phi*, ou seja, uma produção do psiquismo e não uma ilusão do olho. Mas, por um paradoxo próprio da cinematografia, se o fenômeno da persistência da retina não diz respeito ao movimento cinemático, ele é, todavia, uma das causas diretas de sua invenção, pois foi graças as indagações (equivocadas) em torno desse fenômeno que nasceram as máquinas de análise-síntese do movimento (Machado, 1997, p. 20-21).

Assim, a persistência retiniana refere-se à imagem que se repete com pequenas alterações. É como se o cérebro repetisse o que permaneceu igual e alterasse apenas aquilo que de fato sofreu modificação. Assim, ele sobrepõe o que é repetido e altera apenas o que foi modificado. Como a velocidade é alta, com uma média de 24 quadros por segundo, não é possível visualizar a modificação da imagem, e então temos a ilusão do movimento. Já o efeito *phi* é o intervalo que há entre uma imagem e outra. É esse fragmento de segundo que permite que o cérebro identifique a mínima mudança e a interprete como movimento (Machado, 1997). Assim, o movimento é criado na diferença de um desenho para o outro.

Historicamente, o homem sempre manifestou uma necessidade de representar o movimento. Algumas imagens na pré-história o simulavam por meio do número de pernas nos bisões. Não só no período primitivo, como também na história da humanidade, há a busca pelo movimento, o que pode ser visto em obras clássicas (Lucena Júnior, 2002).

A animação, como destacado, surge antes do cinema e da fotografia. Os estudos realizados para explicar o movimento utilizaram-se de experimentos ópticos, hoje conhecidos como brinquedos ópticos, os quais se tornaram febre no século XIX. Das invenções que compreendem a imagem e o movimento, podemos citar, ainda, a câmera escura[27] e a lanterna mágica, como também *thaumatrope, zootrope*[28], *phenaquistotscope, praxinoscope* e *flipbook*, que, considerados brinquedos ópticos, foram criados para testar a *persistência retiniana*.

Verifica-se, portanto, que animação é cinema, todavia o cinema não é animação, haja vista os métodos de construção usados para sua criação. Contudo, se os métodos, a forma como são produzidos, diferenciam ambos, o resultado audiovisual aproxima-os. Sob essa lógica, enquanto o cinema se utiliza de câmeras, seres humanos, cenários, além de outros aspectos por meio do movimento real, a animação constitui-se em cinema por esses elementos, mas também pelo movimento criado.

Partindo do pressuposto da criação do movimento por meio de imagens estáticas, sequenciadas, com leves e sutis alterações, postas a uma velocidade de 24 quadros por segundo, o universo da produção de animações foi se ampliando e ganhando destaque por meio de diversas técnicas e métodos que imprimiram ainda mais realidade aos movimentos criados, sem quebras e trepidações ao olhar. Esse processo técnico está diretamente relacionado a princípios fundamentais da animação, estabelecidos pelos estúdios Disney, mas aprimorados pelas tecnologias digitais mais recentes.

## 4.2 Os princípios fundamentais da animação: criação e técnica

A construção da animação envolve procedimentos para que o movimento fique agradável aos olhos. Criados pelos estúdios Disney, há um conjunto de 12 princípios para se obter suavidade e aprimorar o movimento (Johnston; Thomas, 1995), a saber:

a. Comprimir e esticar (*squash and stretch*);

b. Antecipação (*anticipation*);

---

[27] Com a utilização de uma luz, a câmara escura gerava a imagem invertida. A lanterna mágica possuía procedimentos semelhantes, mas com a alternação de lentes que simulavam um fragmento de movimento, o que permitia as fantasmagorias, projeção de fantasmas com movimentos moderados.

[28] O *zootrope* — considerado o giro da vida — tornou-se um brinquedo óptico de grande importância, pois é por ele que se pode visualizar o movimento em ciclo. Pelo brinquedo, é possível visualizar 16 *frames* criados com movimentos sequenciados. Posto a uma determinada velocidade e ao ser girado, o brinquedo promove o movimento. Logo, os desenhos inseridos no *zootrope* permitem aguçar a percepção quanto ao movimento.

c. Encenação (*staging*);

d. Animação direta e pose a pose (*straight ahead action and pose to pose*);

e. Continuidade e sobreposição da ação (*overlapping action and follow through*);

f. Aceleração e desaceleração (*slow in and slow out*);

g. Movimento em arco (*arcs*);

h. Ação secundária (*secondary actions*);

i. Temporização (*timing*);

j. Exagero (*exaggeration*);

k. Desenho volumétrico (*solid drawing*);

l. Apelo e design atraente (*apeal*).

Esses princípios são seguidos por muitos animadores, e sua intenção é que o movimento se pareça com o real, apesar de os quadros serem desenhados, digitalizados e/ou fotografados. Os princípios da animação tornam as produções mais agradáveis aos olhos do espectador também porque, quanto mais próximo da realidade estiver o movimento, mais facilmente se dá a compreensão da ação representada (Johnston; Thomas, 1995). *Branca de Neve e os sete anões* (1937) foi um dos primeiros filmes a utilizar essas regras fundamentais. A partir desse longa-metragem, o universo de produção de animações ganhou visibilidade[29].

O entendimento da animação como cinema e a compreensão dos princípios técnicos mencionados qualificam ainda mais a linguagem, dando-lhe mais potência. A animação envolve muitos aprendizados técnicos e processos criativos. Cada *frame* é construído, pensado, feito, refeito, desenhado e redesenhado de forma sequenciada, para que, assim, ocorra o movimento. Os processos de produção para que a animação seja criada dependem da escolha de quem a produz, o que interfere diretamente no resultado, no que será visto na tela.

---

[29] Antes de *Branca de Neve e os Sete Anões*, desenvolvido totalmente com a técnica de animação, o argentino Quirino Cristiane havia criado outros dois longas-metragens: *El Apostl* (1917) e *Peludópolis* (1931); este, o primeiro longa sonoro. Todavia, como estas duas obras não estão disponíveis em nenhum tipo de suporte ou plataforma, *Branca de Neve e os Sete Anões* é considerado o primeiro longa-metragem, que é um filme com mais de 70 minutos (o tempo do média-metragem varia de 30 a 69 minutos, enquanto o do curta-metragem é inferior a 30 minutos).

Por exemplo, principalmente na década de 1960, muitos estúdios, por exemplo, Hanna-Barbera e Warner, optaram por não construir suas animações com base em todos os princípios listados, escolhendo apenas alguns deles, visando baratear os custos das produções. Nesses casos, as animações tinham um traço mais simples, com poucos detalhes. Exemplo disso são os desenhos animados nos quais, em alguns momentos, é exibida apenas a parte dos membros inferiores do corpo humano, dispensando-se a imagem do rosto, cujo uso implicaria a necessidade de expressões fisionômicas diferenciadas. Essa ausência é equilibrada por meio de áudios, gestos ou expressões de outros personagens.

Nesse viés, desde o início do século XX, ressaltamos a presença de diversos estúdios e suas produções, uma vez que, mesmo sem tanta popularidade como a do The Walt Disney Studios, contribuíram com a animação:

> A Hanna-Barbera moldou o imaginário cultural do século 20, assim como a Disney e a Warner, estúdio de Pernalonga e Patolino, só que em outra vertente, pois pegou um nicho de mercado que estava nascendo nos anos 50: os desenhos para TV [...] Até aquela época, os desenhos eram feitos para exibição em cinema. William Hanna e Joseph Barbera começaram no departamento de animação da MGM Cartoons, responsáveis por Tom & Jerry, dupla que rendeu nada menos do que sete [estatuetas] Oscar à produtora conhecida pela vinheta do leão rugindo, na abertura dos filmes [...] Produzir em larga escala para TV foi bom e ruim ao mesmo tempo. O lado ruim é que eram desenhos pobres esteticamente, porque precisavam ser feitos rapidamente, no formato de série. Assim eles usavam o mesmo cenário para desenhos diferentes, o que até gerou um preconceito contra eles [...] O outro lado da moeda é que, apesar dos poucos recursos, as histórias eram criativas e os personagens, cativantes. Hoje você já os vê com outros olhos, porque os personagens eram graciosos e marcantes. E o fato de terem sobrevivido ao tempo é uma prova disso. O que fizeram mudou a história da animação mundial (Leite, 2017).

A cronologia a seguir mostra uma produção ativa de estúdios de curtas de animação lançados regularmente para exibição nos cinemas. Alguns estúdios continuaram a liberar curtas animados para os cinemas em uma frequência menor.

Gráfico 9 – Cronologia da produção de animação pelos estúdios

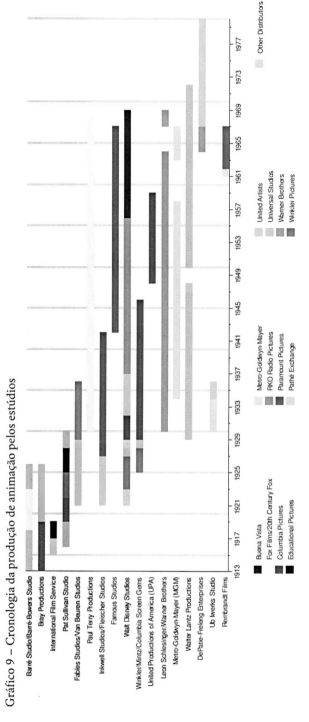

Fonte: Era de Ouro [...] ([2021]).[30]

---

[30] Dados retirados de artigo da Wikipédia: uma vez esta plataforma permite a liberdade de edição aos usuários, pesquisas complementares em outras fontes digitais, bem como em livros de animação, foram realizadas no sentido de confirmar os dados do gráfico, atestando sua validade.

Logo, a produção em animação pode ser democrática, pois sua técnica permite criações profissionais e amadoras, em estúdios e também na escola. Animações cuja produção não se paute pelos 12 princípios mencionados não são produções inferiores nem desconsideram a linguagem; apenas fazem uso de *frames* mais simples, sem tanto detalhamento na imagem, pois o que define uma animação é a sequência de quadros por segundo.

Na perspectiva de criação e técnica, na década de 1980, animadores profissionais do Brasil, entre os quais Marcos Magalhães, que idealizou e dirige o Festival Internacional de Animação – *Anima Mundi*, buscaram aprimorar seus estudos no exterior, movidos pela curiosidade e desejo de ampliar o mercado brasileiro de animação. Aliados às diversas técnicas de animação, essa busca por especialização e o uso, no todo ou em parte, dos princípios fundamentais fizeram crescer a produção de animações e exibição, contribuindo para a criação de festivais de animação no país e no mundo. Esses eventos acabaram por incentivar o uso da linguagem animada no campo educacional, por abordar temáticas diferenciadas de forma lúdica e criativa em filmes que compunham as mostras, as oficinas e os debates.

Criação e técnica são elementos diferentes e que se relacionam na produção de animação. O processo técnico mais se relaciona a treinamento, algo mecanizado, que necessita de aprimoramento, sendo, entretanto, necessário para a garantia da construção da animação. Em contrapartida, os processos criativos surgem da elaboração dos personagens, na criação do roteiro, na coloração, no modo como vão compor a imagem e como a história será criada. Em algumas circunstâncias, há a prevalência de um ou outro, todavia ambos estarão lá, de formas díspares, mas lá.

Na educação, essa diferença é ainda mais recorrente, pois, dada a dinâmica da aula e do sistema educacional como um todo, os atores dispõem de pouco tempo para potencializar o resultado das animações. Em adição, há a carência de conhecimento sobre alguns princípios fundamentais para a técnica, pelo fato de os educadores não a dominarem por completo. No entanto, mesmo com movimentos simples e poucos recursos, eles promovem a compreensão dos alunos sobre a formação da imagem em movimento.

A busca por conhecimento na área de animação dá-se tanto por parte do educador, capaz de reestruturar o currículo e projetos, quanto do animador profissional, que precisa complementar os estudos em grandes centros do país ou até mesmo no exterior. Nessa construção, em geral, de caráter autônomo, o *Anima Mundi*, criado com base no interesse de um grupo de idealizadores, tornou-se coletivo, fomentando pesquisas e, consequentemente, o processo formativo dos professores interessados na linguagem. Esse processo nos remete a Freire (1993, p. 22-23), para quem

> A educação é permanente não porque certa linha ideológica ou certa posição política ou certo interesse econômico o exijam. A educação é permanente na razão, de um lado, da finitude do ser humano, de outro, da consciência que ele tem de sua finitude. Mais ainda, pelo fato de, ao longo da história, ter incorporado à sua natureza não apenas saber que vivia, mas saber que sabia e, assim, saber que podia saber mais. A educação e a formação permanente se fundam aí.

O diálogo com Freire (1993) sobre a busca permanente por formação relaciona-se à busca pelo conhecimento ao "ser mais", condição que, pela emancipação, os sujeitos estão cientes de que não apenas é preciso, mas que podem se aprimorar, porque são inclinados a isso, tendo em mente que "não é decisivo apenas estar na escola ou na universidade recebendo conhecimento, é mais importante ainda conhecer como se chegou a determinado conhecimento" (Silva; Nosella, 2019, p. 28). Compreendem, assim, que tudo finda, menos o conhecimento.

### 4.3 Influência do *Anima Mundi* no uso da animação em sala de aula

Criado em 1993, o Festival Internacional de Animação do Brasil – *Anima Mundi* tem por objetivo ampliar o mercado de animação no país, com a promoção de exibições, debates, oficinas e cursos para animadores, professores e amantes da animação. Idealizado por Aída Queiroz, César Coelho, Lea Zagury e Marcos Magalhães, o festival ocorre no Rio de Janeiro e em São Paulo no início do segundo semestre de cada ano.

Em 2019, em função dos cortes aos incentivos à arte e à cultura, realizados pelo governo federal, o qual disponibilizava recursos por meio de parcerias com grandes empresas, o festival teve de solicitar auxílio a seus frequentadores e apoiadores, promovendo uma "vaquinha" on-line, que possibilitou a permanência do evento. Todavia, a pandemia iniciada em 2020 impediu a realização do evento naquele ano, de modo que as ações se restringiram à realização de *lives*, dinâmica que deve se manter por 2021, conforme Marcos Magalhães, em 2021, em entrevista via Facebook. Com o tempo e a ampliação do mercado de animação, o *Anima Mundi* tornou-se o maior evento dessa natureza na América Latina, sendo o segundo do mundo. Trata-se de um ambiente que, em 27 anos de existência, já incentivou centenas de professores que buscam formação na área para auxiliar os seus alunos.

O festival conta com o Estúdio Aberto, que proporciona a participação em oficinas, durante as quais o público pode vivenciar técnicas de animação. Além disso, o evento teve grande importância para a criação do Anima Escola, projeto educativo criado em 2002 para levar a produção e a exibição de animações a instituições de ensino. Em parceria com a Secretaria de Educação do Rio de Janeiro, o Anima Escola promove formações para professores e, posteriormente, para alunos, com a intenção de criar animações e aproximá-los das técnicas dessa linguagem. Por meio do projeto, foi criado o Manipulador Universal de Animação[31] (MUAN), software de captura de imagens para animações, de caráter livre e de fácil manuseio.

O Anima Escola também realiza atividades itinerantes, desde que seja contratado para tal. O foco desse projeto é o professor, que pode conhecer a história da animação, oficinas com fundamentação e prática com as técnicas, sendo incentivado à prática autônoma. O processo formativo pode ocorrer não só para os docentes das redes municipal e estadual, entre outros contratantes, como também em escolas privadas. Além do curso oferecido pelo Anima Escola, há os cursos do *Anima Mundi*, como: animação básica, criação de bonecos para *stop motion* e animação avançada, que acontecem na sede do *Anima Mundi*.

O Curso de Animação para Professores ofertado pelo *Anima Mundi* — em menor duração e com inspiração no Anima Escola — inclui a exibição de animações e técnicas com abordagens específicas para sala de aula. Uma das edições do curso ocorreu no início de 2018, sob responsabilidade da animadora e docente Gika Carvalho[32], com a presença de 16 professores, 15 dos quais do Rio de Janeiro e 1 (esta pesquisadora) do Espírito Santo. Essa participação possibilita trazer aqui algumas observações realizadas nesse processo formativo. Realizado em período de recesso escolar (29 de janeiro a 2 de fevereiro), esse curso trouxe conhecimento sobre animação a docentes, que o buscaram como uma tentativa particular de suprir a demanda não atendida pelo Anima Escola. Em seu transcorrer, foram aplicadas diferentes técnicas e possibilidades de uso da animação no ambiente educacional. Suas

---

[31] O Instituto Brasileiro de Matemática foi, em parceria com o Anima Escola, o idealizador e o criador do MUAN.

[32] Giselle Carvalho é ilustradora e animadora, com mestrado em Educação pela Universidade Federal Rural do Rio de Janeiro, onde atuou como professora substituta.

15 horas foram divididas em cinco dias, abordando a história da animação, brinquedos ópticos, animação em recorte e em massinha, 2D e Animato[33], entre outros assuntos, como *storyboard*[34] e *Animatic*[35].

Há diferenças entre o curso ofertado aos professores no Anima Escola e o intensivo de férias do *Anima Mundi*. No primeiro, finalizado o curso, os participantes prosseguem em contato com a equipe de professores e podem usufruir recursos como publicações e equipamentos para serem usados em suas escolas, que são parceiras do programa. Isso contribui para o desenvolvimento das animações na escola. O curso intensivo, por sua vez, possui um viés mais voltado à técnica, abordando produções possíveis para a sala de aula. O processo criativo fica um tanto limitado em função do tempo (uma semana), o que requer autoestímulo dos professores na volta aos seus espaços de trabalho, já que eles não contam com acompanhamento.

Na visão de Gika Carvalho (2018), os alunos possuem muita criatividade e curiosidade, mas o docente é quem amplia as possibilidades nos processos educativos, de modo que, no seu entendimento, "*a motivação das crianças para a criação de animações é dada pelos professores*". Nesse movimento, Vigotski (2010, p. 64-65) argumenta sobre a importância de considerarmos que

> O processo de educação deve basear-se na atividade pessoal do aluno, e toda a arte do educador deve consistir apenas em orientar e regular esta atividade. No processo de educação o mestre deve ser os trilhos por onde se movimentam com liberdade e independência os vagões, que recebem dele apenas a orientação do próprio movimento. [...] o conhecimento que não passa pela experiência pessoal não é conhecimento coisa nenhuma. A psicologia exige que os alunos aprendam não só a perceber, mas também a reagir. Educar significa, antes de mais nada, estabelecer novas reações, elaborar novas formas de comportamento.

No decorrer do curso intensivo, as preocupações dos professores quanto à produção de animação giravam em torno do ato de desenhar e dos processos tecnológicos nela envolvidos — principalmente sobre edição de

---

[33] Técnica com o uso de desenhos sequenciados, nos quais ocorrem mutações, transformações, metamorfoses de imagens.

[34] O *storyboard* é um elemento que compõe a produção de uma animação. Demarca as cenas e as informações da animação de modo visual, dado por meio do desenho.

[35] *Animatic* é o processo pelo qual, com base no *storyboard*, põe-se a criação no seu tempo de duração, sendo posteriormente animada com software de edição.

vídeo —, além de um espaço adequado. A professora Gika Carvalho (2018) ressaltou que a animação não está vinculada apenas ao desenho, que é um de seus elementos primordiais, mas existem outros meios, como a modelagem e o recorte, que podem substituí-lo. Ele também pode ser simplificado, por exemplo, com o uso de desenho de palitinhos. Na animação, repetir, refazer e reestruturar é parte do aprendizado, uma vez que a animação é a ilusão do movimento. Assim, independentemente da técnica usada, um desenho realista ou abstrato, recorte ou até massinha, a percepção da ação é muito importante.

A preocupação quanto à dificuldade de edição de vídeo e de uso das tecnologias foi salientada por 9 dos 16 docentes, por escrito e oralmente, em dinâmica aplicada durante o curso intensivo. Considerando esse dado, Gika Carvalho redimensionou o curso para que um dos módulos proporcionasse mais tempo para essa temática. Durante as aulas, diversos softwares foram mencionados pelos professores. No último dia do curso, com o material de animação produzido durante a formação, uma aula de edição foi ministrada, para mostrar aos participantes como ocorre esse processo, visto que alguns não conseguiam realizá-lo.

A disposição da professora para a reorganização da dinâmica da formação contrapõe-se à ideia de

> [...] currículo padrão, o currículo de transferência [que] é uma forma mecânica e autoritária de pensar sobre como organizar um programa, que implica, acima de tudo, numa [*sic*] tremenda falta de confiança na criatividade dos estudantes e na capacidade dos professores! Porque, em última análise, quando certos centros de poder estabelecem o que deve ser feito em classe, sua maneira autoritária nega o exercício da criatividade entre professores e estudantes. O centro, acima de tudo, está comandando e manipulando, à distância, as atividades dos educadores e dos educandos (Freire; Shor, 2008, p. 97).

Durante o curso, foi possível a esta pesquisadora observar que, apesar da insegurança dos professores em relação aos recursos digitais, nos processos de formação, eles se dispõem a melhorar suas proposições de ensino. Ainda se mostram travados no uso dos recursos tecnológicos, o que pode impedi-los de vivenciar e oferecer novas oportunidades de construção de conhecimento, correndo o risco de permanecer com um trabalho baseado no currículo padrão.

Outro impedimento apontado pelos professores participantes do curso refere-se à ausência de um espaço específico para animar. Muitas vezes, é necessário deixar os bonecos, recortes sobre uma mesa com uma câmera imóvel instalada em um computador, o que não é viável nas escolas públicas, uma vez que não há salas para isso. Diante das limitações, a alternativa é estabelecer parcerias com outras disciplinas para ampliar o tempo de produção das animações e guardar personagens e cenários em caixas ao término de cada aula.

Para Gika Carvalho, em 2018, *"A animação exige um trabalho de capacitação"*, sendo necessário compreender que há uma técnica que permeia todo o potencial dessa linguagem; dominá-la significa ampliar as potencialidades de criação e utilização em sala de aula. Como veremos no capítulo 5, é nessa perspectiva que os docentes, mesmo com poucos recursos, trabalham com animações na educação, com vistas a inovações que possam tornar o processo de ensino-aprendizagem mais dinâmico e atrativo. Nessa direção,

> [...] a educação, como formação, como processo de conhecimento, de ensino, de aprendizagem, se tornou, ao longo da aventura no mundo dos seres humanos uma conotação de sua natureza, gestando-se na história, como a vocação para a humanização (Freire, 1993, p. 20).

O professor precisa conhecer um repertório de animações para exibir aos estudantes e, em adição, identificar as categorias de animação adequadas para cada faixa etária, já que há aquelas que não são feitas para crianças, mas para adultos. Além disso, o docente deve mostrar a relevância dos créditos de um filme (indicação dos nomes de quem o produziu), e do tempo para a compreensão das histórias contadas no audiovisual.

Quando o professor começa a ter consciência de que precisa ampliar o conhecimento para o trabalho com animação com os alunos, passa a contar com algo além do saber empírico. Ao se conectar com outros saberes, proporciona o conhecimento não apenas para si, pois suas novas aprendizagens transcendem para a esfera coletiva.

> Não há absolutização da ignorância, nem absolutização do saber. Ninguém sabe tudo, assim como ninguém ignora tudo. O saber começa com a consciência do saber pouco. O saber começa com a consciência do saber pouco (enquanto alguém atua). Pois sabendo que sabe pouco é que uma pessoa se prepara para saber mais. Se tivéssemos um saber absoluto,

> já não poderíamos continuar sabendo, pois que este seria um saber que não estaria sendo. Quem tudo soubesse já não poderia saber, pois não indagaria. O homem, como um ser histórico, inserido num permanente movimento de procura, faz e refaz constantemente o seu saber. E é por isto que todo saber novo se gera num saber que passou a ser velho, o qual, anteriormente, gerando-se num outro saber que também se tornara velho, se havia instalado como saber novo (Freire, 2017a, p. 57-58).

Em síntese, por meio de cursos voltados a animadores e professores e parcerias com organizações e escolas, o Anima Escola e o *Anima Mundi* auxiliam no processo formativo continuado para a educação. São muitos os professores que se inspiram no festival e em suas oficinas para ampliar os conhecimentos em sala de aula, dinamizando o ensino e possibilitando novas alternativas para a educação. A parceria do Anima Escola com a Secretaria de Educação do Rio de Janeiro, estabelecida desde 2001, mostra que animação e educação podem caminhar juntas. Além disso, a procura dos professores não contemplados pelo programa Anima Escola por cursos como o intensivo de férias é outro elemento que demonstra o potencial dessa combinação. Quando da realização do intensivo em 2018, havia uma extensa lista de espera para participação, apesar de o custo do curso ser considerável (à época, R$ 650).

A apreciação de animações em sala de aula é importante para ampliar o repertório dos estudantes e auxilia no processo criativo dos futuros animadores, porque é por meio dessas imagens que é possível observar e compreender os diferentes planos cinematográficos, cores, formas e estilos de personagens. Essa apreciação da linguagem é ainda mais importante nas escolas das redes públicas, visto que os canais dedicados a exibir animações são restritos e o público-alvo dessas instituições possui pouco acesso aos bens culturais.

No curso para professores ministrado no âmbito do Anima Escola, também existe a preocupação de que o animador responsável por sua condução tenha experiência no trabalho docente, o que traz credibilidade para o ato educativo e a proposição de ações reais que funcionam em sala de aula. Um profissional que combina conhecimentos relacionados ao animador e ao professor pode aperfeiçoar e auxiliar na formação docente.

Uma das contribuições do curso é que ele se constitui em espaço de diálogo e troca de professor para professor, uma partilha de experiências que mergulham na busca de ações possíveis em sala de aula por meio de atividades alternativas e com materiais diferenciados, recicláveis, recortes com revistas, entre outros. Essas trocas dão a dimensão da importância do trabalho em equipe no que tange à divisão de tarefas e do respeito aos procedimentos decididos em grupo, uma tentativa relacionada à experiência e à experimentação. Nesse sentido, Freire (2015, p. 181-182) sublinha que

> [...] não é possível ao(à) educador(a) desconhecer, subestimar ou negar os saberes de experiência feitos com que os educandos chegam à escola. [...] partir do saber que os educandos tenham não significa ficar girando em torno deste saber. [...] partir do "saber de experiência feito" para superá-lo não é ficar nele.

Conforme observado pela pesquisadora, a sala de aula do curso de animação acabou por se tornar um reflexo da sala de aula nas escolas. Lá, na posição de alunos, os docentes participantes questionam, tiram dúvidas, fazem suposições e, durante todo o tempo, aprendem com as explanações teóricas sobre a técnica usada e sua funcionalidade no ambiente escolar e com as animações exibidas, as quais proporcionam entretenimento ou a reflexão sobre assuntos culturais e políticos. Chamamos atenção para essas duas dimensões, pois, de acordo com o próprio Freire (2017b, p. 52), "a práxis é a reflexão e ação dos homens sobre o mundo para transformá-lo", o que somente é viável por intermédio da consciência docente, de busca e reconhecimento dos "nós" na educação.

Na avaliação desta pesquisadora, a maior intimidade com os softwares usados no decorrer do curso, que incluíam programas profissionais e de uso amador, foi outro ganho obtido pelos docentes no processo formativo. Um deles é o já mencionado MUAN, usado na captura de imagens para a animação. Gratuito, possui versões para diversos sistemas operacionais, como Windows, Mac e Linux, o que facilita a utilização em ambientes diversos. O programa não faz edição, mas gerencia o processo e grava no formato MP4. Para a finalização, outros softwares são usados, como o Windows MovieMaker, programas da Adobe, Movavi, SonyVegas ou qualquer outro que possibilite editar, cortar, inserir sons e efeitos. Para celulares, há aplicativos de animação como Studio Stop Motion e FlipaClip, com edição pelo YouCut Video, Filmix, e, ainda, o InShot, que combina as funções editar e animar.

Diferentemente do curso de animação para professores, que possui um tempo curto para sua execução, o Anima Escola garante um espaço de assistência para os docentes participantes, que podem solicitar materiais de empréstimos na sede do festival para suas produções ou, ainda, sanar dúvidas com a equipe do *Anima Mundi*. Esse suporte se torna fundamental, visto que o professor terá por objetivo trabalhar com os estudantes nas escolas em que leciona, envolvendo-os na criação de animações.

Inicialmente, ocorrem oficinas para professores e, posteriormente, para os alunos, para que possam criar a animação. No decorrer desse processo, a equipe do Anima Escola/*Anima Mundi* oferece feedback aos docentes. Em função das inúmeras oficinas ocorridas no âmbito do Anima Escola, animações foram criadas e selecionadas para o festival, ampliando não só o mercado dessa linguagem, como também o interesse de estudantes por novas abordagens que dizem respeito à arte e às tecnologias. O Quadro 2 traz uma comparação entre os cursos voltados aos docentes oferecidos pelo *Anima Mundi* e pelo Anima Escola.

Quadro 2 – Diferenças entre os cursos para professores ofertados pelo *Anima Mundi* e pelo Anima Escola

| Aspectos | *Anima Mundi* | Anima Escola |
|---|---|---|
| Duração | Curta | Longa |
| Custo | Pago | Gratuito |
| Aplicação | Animadores | Animadores com experiência no processo educacional |
| Origem dos participantes | Procura individual | Rede de ensino do Rio de Janeiro, com a qual é mantida parceria |
| Oferta de feedback aos professores | Não há feedback posterior ao curso | Há feedback e possível empréstimo de materiais após o curso |
| Abrangência da criação | No decorrer do curso | No decorrer do curso, mas se amplia, envolvendo produções dos alunos |
| Participantes do processo criativo | Não há necessidade de produções dos alunos | A produção da animação é feita com os alunos |
| Local de oferta | Os professores vão à sede do *Anima Mundi* | Ofertado para professores em escolas, que recebem a equipe responsável pelo curso |

| Aspectos | *Anima Mundi* | Anima Escola |
|---|---|---|
| **Vinculação** | Vinculado ao festival | Pertence ao *Anima Mundi*, mas não há vínculo direto com o festival |
| **Abrangência da oferta** | Durante o festival internacional ou em sua sede | Ocorre na escola, tendo como referência o ano letivo; o programa tem como prioridade de atuação o estado do Rio de Janeiro |
| **Regiões de origem dos participantes** | Eixo Rio-São Paulo | Rio de Janeiro, com possibilidade de contratação em outros territórios, desde que pago |

Fonte: elaborado pela pesquisadora com base em Magalhães (2015)

Essas oficinas oferecem maior detalhamento sobre as questões técnicas, já que permitem testar e constatar o domínio dos procedimentos necessários para a produção e criação de animações, ratificando e conferindo visibilidade à autoria por parte dos alunos, de modo que os participantes possam construir e aperfeiçoar os métodos para uma exibição, saindo do lugar de espectador.

## 4.4 Museus de animação e processos educativos

Os processos educativos também recebem contribuições dos museus de animação ou cinema de animação, como são usualmente chamados. No Brasil, temos conhecimento de dois desses espaços, um situado em Pernambuco e outro em Minas Gerais. Em nível internacional, foi possível mapear um espaço dedicado a essa temática em Nova York e outro em Portugal. Existem núcleos de animação com ênfase na pesquisa e prática, como em Campinas/SP; na Universidade da Bahia, especificamente, na Faculdade de Belas Artes; além do curso de animação da Universidade Federal de Minas Gerais. No entanto, sob a denominação de museu, são listados os que estão a seguir.

O Museu de Cinema de Animação Lula Gonzaga[36] (MUCA), dedicado à animação pernambucana, foi criado em 2017, ano do centenário dessa linguagem, e exibe materiais e instrumentos de animação anteriores aos processos digitais. É fruto do trabalho do primeiro animador de Pernambuco, Lula Gonzaga, que fazia trabalhos itinerantes por meio de Oficinas

---

[36] Ver em: https://www.mucalulagonzaga.com.br/. Acesso em: 30 mar. 2023.

de Cinema de Animação, a chamada metodologia OCA. Gonzaga recebeu prêmio pelo desenvolvimento de uma educação popular, uma forma de pensar os espaços não formais de ensino com base no cinema, com o recorte regional. O museu formou 120 jovens em animação artesanal em seus primeiros dois anos de funcionamento. A técnica utilizada foi a 2D, com mesa de luz[37]. O MUCA possui cinemateca, brinquedos ópticos, espaço para exposição de animação e realização das oficinas. Sua proposta expande-se, ainda, para a catalogação e inventário de seu acervo. Rafael Buda, em 2020, expôs que

> [...] o MUCA pretende ser um museu vivo, um museu comunitário, que não seja um espaço só para guardar coisas, e, sim, um espaço onde possa ter uma interação com a sociedade, com o público local, com o território. E ali também se torne um espaço de formação para a nova cadeia produtiva do cinema de animação do estado.

O projeto ocorre de forma exitosa em virtude das parcerias com as escolas locais para concretizar a formação com vistas a ampliar o inventário e, assim, proporcionar a preservação e memória do cinema de animação em Pernambuco.

Em Minas Gerais, o Museu de Animação de Belo Horizonte[38], fundado em 2016, guarda um acervo de aproximadamente mil itens, entre *Video Home System* (VHS), *Compact Discs* (CDs), *Digital Video Discs* (DVDs), cartazes, publicações especializadas em animação. A intenção é que o espaço se torne referência de pesquisa e visitação para estudantes, profissionais e curiosos da área[39]. Atualmente, em consequência da pandemia da COVID-19, o museu está com suas atividades suspensas, o que reduziu o processo de implementação da proposta.

No Museum of the Moving Image[40], situado em Nova York, dinâmicas permitem que uma média de 70 mil estudantes que passam por ali anualmente experienciem brinquedos ópticos (Figura **1**) mecânicos e façam visitas guiadas por exposições sobre a origem do cinema. O museu é composto por três pavimentos, abrigando teatros, auditórios, exposições em caráter itinerante e permanente, com objetos históricos,

---

[37] Rafael Buda, 2020.

[38] https://muabhmuseuanimacaobelohorizonte.blogspot.com/. Acesso em: 26 out. 2023.

[39] Sávio Leite, 2020, conversa via WhatsApp.

[40] http://www.movingimage.us/. Acesso em: 12 ago. 2023.

tais como câmeras e televisores antigos, bem como vídeos dos primórdios da animação de imagens.

Figura 1 – Brinquedos ópticos em exposição no Museum of the Moving Image, Nova York

Fonte: registro da pesquisadora (2020)

Por sua vez, a Casa Museu de Vilar[41], situada em Lousada, Portugal, e pertencente aos animadores Abi Feijó e Regina Pessoa, possui grande acervo de animação, que inclui desde as produções da família Feijó até instrumentos e materiais do período pré-cinema e de animação, como brinquedos ópticos e croquis de desenhos. O site do espaço apresenta-se por meio de um *pixilation* que mostra parte das três salas que abrigam as exposições, guiadas pelo próprio Abi, que, com Regina, recebe os visitantes e conversa sobre o acervo. Não há informações de ações educativas explícitas, mas, em virtude dos exemplares existentes em seu acervo, a Casa Museu de Vilar tornou-se grande centro de pesquisa, tendo recepcionado grupos de cinematecas de outros países europeus, como França e Alemanha (Museu [...], 2020).

A participação da pesquisadora no curso intensivo oferecido pelo *Anima Mundi* em janeiro de 2018 evidenciou a angústia dos professores com relação à insegurança de usar a tecnologia, à falta de estrutura, à

---

[41] Ver em: https://www.casamuseudevilar.org/. Acesso em: 10 set. 2023.

dinâmica que caracteriza o espaço escolar como dificultador do trabalho com a animação, o que, como veremos a seguir, também ocorre com as professoras participantes desta pesquisa. Em meio a isso, o festival e os museus apresentados neste capítulo constituem-se em importantes espaços de aquisição de conhecimento. Na esteira da conscientização docente pela busca de conhecimento, esses locais proporcionam a difusão das informações sobre animação no Brasil e no mundo.

## 4.5 Trabalho: intervenção criativa do homem sobre o mundo

O desenvolvimento de uma pesquisa sobre o trabalho docente com a linguagem da animação requer pensarmos, antes disso, sobre a própria concepção de trabalho. De um modo geral, o trabalho relaciona-se a ações para uma prática sistematizada, com regras, métodos, mas que, na visão de Freire (2018), Frigotto (2008) e Marx (2010), autores com base nos quais discutimos sobre esse conceito neste tópico, não prescinde de reflexões, porque o próprio trabalho, segundo concebem esses autores, encarna, em si, a ação intencional do homem sobre o mundo.

O conceito de trabalho e o valor a ele atribuído dependem do período histórico e de quem o controla. O senso comum desconsidera o pensar, refletir, criar e brincar como parte integrante do labor. No sistema capitalista, compreendemos que o trabalho se configura como uma atividade mecânica, de produção concreta e remunerada, sendo, neste estudo, concebido com base na interpretação marxista.

Antecipando uma síntese, o trabalho é entendido aqui como uma necessidade pertencente ao ser e abarca tanto as atividades remuneradas quanto os processos produtivo e criativo que o homem exerce para modificar determinada situação. Nisso, emprega capacidades física, intelectual e criadora, culminando na produção de bens de consumo bem como de ideias, de modo que o trabalho representa o desenvolvimento constante do ser, que por ele, simultaneamente, refaz o mundo e a si.

Para uma compreensão mais aprofundada do objeto, Marx (2010) toma o trabalho pela raiz, o que significa pensar o próprio homem. Em seu pensamento, o homem é uma constante tensão entre seu ser genérico, pertencente a uma espécie, e, ao mesmo tempo, a sua singularidade. Na perspectiva marxista, existimos como seres singulares porque, na nossa limitação, não podemos ser outro, ainda que nos relacionemos com esse outro. Compomo-nos no ato social, na medida em que nos objetivamos, que nos apropriamos dos atos de ser e estar no mundo. Logo, Marx entende que a objetivação do homem se dá na relação com o outro e com o mundo, com base nas ações e atividades desenvolvidas pelo homem.

Para Marx (2010), o trabalho é primordial ao homem, pelo qual, individualmente e no conjunto da espécie, mediante as situações em que se encontra, cria técnicas específicas, domina-as, para transformar e modificar o meio em que vive. O trabalho consiste na relação do homem com a natureza por meio da apropriação de seus recursos. Pela transformação da natureza, o homem pode satisfazer suas necessidades, processo no qual,

> [...] por sua própria ação, medeia, regula e controla seu metabolismo com a natureza. Ele se confronta com a matéria natural como com uma potência natural (*Naturmacht*). A fim de se apropriar da matéria natural de uma forma útil para sua própria vida, ele põe em movimento as forças naturais pertencentes a sua corporeidade: seus braços e pernas, cabeça e mãos. Agindo sobre a natureza externa e modificando-a por meio desse movimento, ele modifica, ao mesmo tempo, sua própria natureza (Marx, 2010, p. 211).

Ainda, o trabalho configura-se como uma prática coletiva, essencialmente humana, perpassada pela intenção:

> Pressupomos o trabalho sob forma exclusivamente humana. Uma aranha executa operações semelhantes às do tecelão, e a abelha supera mais de um arquiteto ao construir sua colmeia. Mas o que distingue o pior arquiteto da melhor abelha é que ele figura na mente sua construção antes de transformá-la em realidade. No fim do processo do trabalho aparece um resultado que já existia antes idealmente na imaginação do trabalhador (Marx, 2010, p. 211-212).

Logo, a distinção entre a atividade de alguns animais e a atividade produtiva do homem é que o desenvolvimento de um bem ou serviço pelo trabalho ocorre antes mesmo de sua produção e sempre em meio a uma necessidade, cuja superação se dá pelo trabalho. Em síntese, enquanto nos animais existe apenas uma interação instintiva com a natureza, com o homem há a busca intencional e planejada por modificá-la. O trabalho, nesse sentido, não é algo fortuito, e sim o que garante a condição humana. Desse modo, constitui-se em condição para a existência do homem, que por meio dele se desvela no mundo, modificando o mundo e, ao mesmo tempo, a si mesmo.

Na ótica marxista, o trabalhador é alienado de seu trabalho porque vende seus serviços e não é dono de seu tempo nem do produto criado.

> Na realidade, o vendedor da força de trabalho, como o de qualquer outra mercadoria, realiza seu valor-de-troca e aliena seu valor-de-uso. Não pode receber um sem transferir o outro. O valor-de-uso do óleo vendido não pertence ao comerciante que o vendeu, e o valor-de-uso da força de trabalho, o próprio trabalho, tampouco pertence ao seu vendedor. O possuidor do dinheiro pagou o valor diário da força de trabalho; pertence-lhe, portanto, o uso dela durante o dia, o trabalho de uma jornada inteira (Marx, 2010, p. 226-227).

O trabalho alienado, tornado obrigatório e sem significado, transforma-se em trabalho mercantilizado, dinâmica em que o sistema capitalista atua, promovendo a exploração do homem e dos demais elementos da natureza. Pelo prisma do capital, as atividades relacionadas ao trabalho, inerentes à natureza humana, são vistas de forma reduzida e fragmentada (Marx, 2010).

A relação com o trabalho muda a partir do século XVIII, com a Revolução Industrial. Se, antes, pelo trabalho manual, o homem detinha o domínio de todo o processo de produção, dele participando integralmente, ao ser introduzido na fábrica, ele passa a se envolver apenas em uma das etapas da produção. Afasta-se de suas faculdades criadoras e é obrigado a trabalhar cada vez mais para garantir o seu sustento, pois não mais o gera como quando estava no campo. Na fábrica, sua força de trabalho vira mercadoria, vendida em troca de salário, promovendo a alienação do homem em relação ao que produz (Marx, 2010).

Para Marx, entretanto, o fruto do trabalho humano é um bem inalienável, ainda que necessário à subsistência e à sobrevivência humana, consistindo em atividade produtiva, desde que seu valor seja concebido de acordo com o que realmente vale.

> O trabalhador se torna tanto mais pobre quanto mais riqueza produz, quanto mais a sua produção aumenta em poder e extensão. O trabalhador se torna uma mercadoria tão mais barata quanto mais mercadoria cria. Com a valorização do

> mundo das coisas (*Sündenfall*) aumenta em proporção direta
> a desvalorização do mundo dos homens (*Menschenwelt*). O
> trabalho não produz somente mercadorias; ele produz a
> si mesmo e ao trabalhador como uma mercadoria, e isto
> na medida em que produz, de fato, mercadorias em geral
> (Marx, 2009, p. 80).

Vem daí a repulsa marxista ao capitalismo. No contexto da exploração do trabalho por esse sistema socioeconômico, Marx (2010) assevera que o trabalhador precisa ter consciência do valor do seu trabalho para superá-la. Para o pensador, a superação somente poderá ocorrer quando se vislumbra uma organização social pautada na distribuição igualitária da riqueza entre quem de fato trabalha e a produz, o proletariado.

A riqueza do homem advém da multiplicidade de suas capacidades. A objetivação é o trabalho, que o constitui como ser social. Visto como um ser criativo, que vence os obstáculos da natureza valendo-se da criação de técnicas e do seu trabalho, o homem supera as intempéries que lhe são impostas e que podem ameaçar sua frágil existência física. O trabalho criativo, portanto, abre caminhos para promover sua autonomia (Marx, 2010); sendo assim, o trabalho docente viabiliza não apenas a compreensão das propostas curriculares, mas incentiva os processos de formação humana ao intervir no mundo a sua volta.

## 4.6 O trabalho docente e a formação educacional

Marx não discute especificamente a educação, mas considera-a como forma de manutenção da lógica dominante, marcada pela exploração do trabalhador, que ingressa no sistema educacional para um fim: suprir a demanda por mão de obra. A parcela de detentores do capital que regulam a lógica do sistema educacional e seu funcionamento é pequena, ao passo que a de futuros operários é numerosa.

Na análise de Frigotto (2008, p. 21, grifo próprio),

> Da leitura que faço do trabalho como princípio educativo
> em Marx, o mesmo não está ligado a método pedagógico
> e nem [*sic*] diretamente à escola, e, sim, a um processo de
> socialização e de internalização de um caráter e persona-
> lidade solidários, fundamental no processo de **superação**
> do sistema capital, da ideologia das sociedades de classe,
> que cindem o gênero humano. Não se trata de uma socie-
> dade psicologizante ou moralizante. Ao contrário, ela se

> fundamenta no fato de que todo ser humano, como um ser da natureza, tem o imperativo de, pelo trabalho, buscar os meios de sua reprodução – primeiramente biológica, e na base deste imperativo da necessidade criar e dilatar o mundo efetivamente livre. Socializar ou educar-se de que o trabalho que produz valores de uso é tarefa de todos é uma perspectiva constituinte da sociedade sem classes.

Na interpretação de Manacorda (2007, p. 170), Marx considera o trabalho como princípio educativo e "luta por uma concepção de trabalho libertário", alertando para o fato de que

> [...] o significado de ensino para os economistas filantrópicos é treinar cada operário no maior número possível de ramos de trabalho, de modo que se ele vier a ser retirado de um desses ramos (por desenvolvimento da máquina ou por mudanças na divisão do trabalho) possa mais facilmente ser alocado em outro.

A educação é um direito, porém garanti-la esbarra na enorme diferença que caracteriza a ordem social capitalista. Há, ainda, dificultadores das condições de trabalho dos docentes, problemas na estrutura das escolas públicas, desvalorização profissional, falta de materiais e de professores. Em meio a isso, os docentes também se deparam com uma frequente ampliação de questões burocráticas, o que compromete seu tempo e o dos discentes. São fatores que acabam por fortalecer a educação bancária, em detrimento de uma aprendizagem emancipadora, para usar termos do pensamento freireano.

A manutenção dos valores capitalistas e do funcionamento desse sistema estaria na contramão da promoção de uma aprendizagem fundada na reflexão e criticidade. A ausência de disciplinas como Sociologia, Filosofia, História e Arte na Base Nacional Comum Curricular sinaliza que não se pretende criar sujeitos que pensem sobre a exploração a que estão submetidos. Por outro lado, problemas sociais, tais como insegurança e desemprego, entre tantos outros, reverberam diretamente na escola, redimensionando o ofício docente.

A presença desses temas na escola, porque estão presentes na própria vida dos estudantes, favorece as disciplinas que incentivam o debate e o exercício da análise e reflexão, mas professores e docentes estão estagnados com o excesso de sistematização do processo educativo, em geral, pautado pelas provas de larga escala, que visam meramente melhorar índices. Em meio a isso, pensar, refletir e criticar são ações que ficam em segundo plano, visto que é preciso decorar fórmulas e regras e preencher papéis que nem sempre serão lidos. Sem o estímulo ao pensar e sem criticidade, o trabalho na escola, tanto para docentes quanto para estudantes, torna-se alienante.

Em pronunciamento por ocasião do dia do professor, Freire[42] (*apud* Claro, [2014?]) sublinhou:

> Ninguém nega o valor da educação e que um bom professor é imprescindível. Mas, ainda que desejem bons professores para seus filhos, poucos pais desejam que seus filhos sejam professores. Isso nos mostra o reconhecimento que o trabalho de educar é duro, difícil e necessário, mas que permitimos que esses profissionais continuem sendo desvalorizados. Apesar de mal remunerados, com baixo prestígio social e responsabilizados pelo fracasso da educação, grande parte resiste e continua apaixonada pelo seu trabalho. A data é um convite para que todos, pais, alunos, sociedade, repensemos nossos papéis e nossas atitudes, pois com elas demonstramos o compromisso com a educação que queremos. Aos professores, fica o convite para que não descuidem de sua missão de educar, nem desanimem diante dos desafios, nem deixem de educar as pessoas para serem "águias" e não apenas "galinhas". Pois, se a educação sozinha não transforma a sociedade, sem ela, tampouco, a sociedade muda.

Com base na perspectiva de Marx (2010), podemos afirmar que a remuneração dada ao professor não condiz com o valor do que por ele é produzido, o conhecimento. Porém, escola e professor atuam para a formação de indivíduos pensantes e emancipados. Como valorizá-los, se isso atenta contra a própria estrutura capitalista, que prevê o lucro sobre a exploração do proletariado? À dinâmica do capital interessa

> [...] a divisão dos seres humanos entre aqueles que detêm a propriedade privada de capital (propriedade de meios e instrumentos de produção com o fim de gerar lucro) e aqueles que para se reproduzirem e manter suas vidas e a de seus filhos precisam ir ao mercado e vender sua força de trabalho, tendo em troca uma remuneração ou salário (Frigotto; Ciavatta; Ramos, 2012, p. 62).

Todavia, apesar dessas tensões, o trabalho docente, mesmo não tendo o valor de uso adequado, tem a possibilidade de transformar a realidade e desenvolver o potencial cognitivo, o que acontece quando sua base é o contexto do aluno, os saberes que este traz e sua consciência do processo de

---

[42] Na fonte consultada, não consta ano da obra de Freire de onde a autora retirou a citação.

divisão de tarefas que privilegia uma pequena parte da sociedade, enquanto outra vivencia tantos prejuízos e ausência de direitos básicos. Essa consciência leva o professor, também, a buscar meios de conscientizar seus alunos.

No diálogo com Freire (2018), Frigotto (2008) e Marx (2010), entendemos a expressão "trabalho docente" considerando todas as ações que envolvem o professor, a saber, o planejamento, a pesquisa, as relações, o currículo, o processo formativo continuado e profissional. O ofício docente precisa abarcar pesquisas, assim como ações dialógicas, em interação com questões culturais, políticas e históricas, que se articulam ao seu pró-labore. O fazer docente é, pois, um trabalho complexo, pois envolve funções que extrapolam os muros da escola.

No conjunto dos escritos freireanos, ganha relevo a necessidade de uma ação educativa crítica, na qual o cotidiano se torna um espaço de reformulação, visando superar a opressão e a exploração. Todavia, para isso, é necessário conhecer os sujeitos, seus espaços de vida e suas trajetórias, a fim de, pela educação, ajudá-los a construir sua dignidade e sua autonomia. Por essa ótica, aprender

> [...] é um processo que pode deflagrar no aprendiz uma curiosidade crescente, que pode torná-lo mais e mais criador. O que quero dizer é o seguinte: quanto mais criticamente se exerça a capacidade de aprender tanto mais se constrói e desenvolve o que venho chamando "curiosidade epistemológica", sem a qual não alcançamos o conhecimento cabal do objeto (Freire, 2018, p. 26-27).

Outro aspecto ressaltado por Freire (2018) e que se repete em diversos de seus textos se refere à compreensão da prática docente como dimensão social da formação humana. Esta dimensiona o rigor, o afeto e a solidariedade como compromissos históricos em um movimento de procura, de modo a transformar a curiosidade ingênua em criticidade.

Na complexidade do trabalho docente, treinar não corresponde ao ato de educar, nem mesmo à concepção de trabalho na perspectiva humanizada. Educar visa à formação e à ética, inseparável da ação pedagógica. Nesse entendimento, o docente assume-se como sujeito ético e consciente, impulsionado a atuar sobre a realidade, buscando a mudança de si e dos discentes. Assim, em vez de se adaptar a uma sociedade que, em tese, não poderia ser mudada, supera as tensões impostas pela classe dominante.

O trabalho docente deve instaurar-se como uma busca contínua pela produção de saberes, na compreensão de que é nessa busca permanente que, como ser humano, o professor promove mudanças em si mesmo, nos discentes e no mundo. É, pois, a consciência docente que dá a perspectiva do desenvolvimento da autonomia nos educandos, pois,

> [...] embora diferentes entre si, quem forma se forma e re-forma ao formar e quem é formado forma-se e forma ao ser formado. É neste sentido que ensinar não é transferir conhecimentos, conteúdos nem **formar** é ação pela qual um sujeito criador dá forma, estilo ou alma a um corpo indeciso e acomodado (Freire, 2018, p. 25, grifo próprio).

Ao nos relacionarmos, absorvemos dos outros as experiências e também eles as absorvem de nós. Apesar de, historicamente, o professor ser apontado como responsável absoluto pelo processo de ensino-aprendizagem, o que é chamado de transmissão do conhecimento[43] ou "ensino bancário" — no sentido do não estímulo dos alunos ao pensar, refletir, intervir sobre o mundo, mas apenas "depositar" informações, sem explorarmos, também, suas necessidades, curiosidades e intenções —, no ofício dos educadores, a partilha persiste, pela consciência de que o conhecimento é construído coletivamente, visto que nos constituímos com os outros.

Com base tanto em Freire (2015, 2018) quanto Vigotski (2009a), um conhecimento com base nas experiências, na interação e na valorização das ações é mais significativo para o aprendiz, norteando-o e ampliando experiências e saberes. Para Vigotski (2009a, p. 260), "os conceitos científicos não são assimilados nem decorados pela criança, não são memorizados, mas surgem e se constituem por meio de uma imensa tensão de toda a atividade do seu próprio pensamento". O conhecimento, na perspectiva dialógica, não é algo estático, rígido, mas passível de transformação, o que se não dá pela repetição, mas pela reflexão consciente. Essa reflexão tem relação com uma práxis que transforma a realidade social.

Isso não significa que mecanismos como a repetição e a memorização não sejam importantes. Vigotski (2009a) assevera que o processo de transmissão é necessário para a aquisição do conhecimento, pois é por ele que informações e experiências são passadas de geração em geração. A transmissão ocorre por meio da mediação e acontece quando a criança não consegue fazer algo sozinha, mas, posteriormente, realiza-o sem a necessidade de um adulto. Nessa perspectiva, salientamos a importância da

---

[43] A expressão "transmissão de conhecimento" foi defendida pela Escola Nova. Os escolanovistas privilegiavam a produção de novos conhecimentos (Duarte, 2003). Quando o utilizamos, não estamos falando, necessariamente, de abordagens pedagógicas tradicionais nem que todos os processos criativos estão vinculados a Escola Nova.

mediação nos processos educativos e de compreender como esse conceito atua diretamente na construção do saber.

## 4.7 Mediação e educação

O conceito de mediação permeia tanto a psicologia educacional quanto a psicologia social. Na área da educação, é reconhecido como um conceito que envolve a reciprocidade entre os indivíduos e o conhecimento. No entanto, esse conceito vai além de uma troca, consistindo em uma perspectiva dialética com ênfase na aquisição do conhecimento. Essas concepções advêm do conceito que embasa a zona de desenvolvimento proximal, também chamada de zona de desenvolvimento imanente[44]:

> Propomos que um aspecto essencial do aprendizado é o fato de ele criar a zona de desenvolvimento proximal; ou seja, o aprendizado desperta vários processos internos de desenvolvimento que são capazes de operar somente quando a criança interage com pessoas e seu ambiente e quando em cooperação com seus companheiros. Uma vez internalizados, esses processos tornam-se parte das aquisições do desenvolvimento independente de crianças [...] Na realidade, existem relações dinâmicas altamente complexas entre os processos de desenvolvimento e de aprendizado, as quais não podem ser englobadas por uma formulação hipotética imutável (Vigotski, 2009a, p. 118).

A mediação ocorre entre os universos objetivo e subjetivo. Isso significa que ela precisa de elementos concretos para existir. Quando com ela se depara, por exemplo, quando é auxiliado por alguém ou algum instrumento, o sujeito vivencia transformações internas, com base nas quais ocorre a apropriação do conhecimento. Uma vez apropriado, esse conhecimento é associado autonomamente pelo aluno a novas situações.

Trata-se de um conceito que, por vezes, tem sido usado sob o olhar de uma teoria comportamentalista. Para Vigotski (2009b, p. 305), tratá-la dessa forma retira-lhe o caráter dialético, que reside no fato indiscutível de que,

> [...] quando a criança adentra na cultura, não somente toma algo dela, não somente assimila e se enriquece com o que está fora dela, mas que a própria cultura reelabora em

---

[44] O termo foi redimensionado conforme traduções obtidas diretamente da língua russa.

> profundidade a composição natural de sua conduta e dá uma orientação completamente nova a todo o curso de seu desenvolvimento.

Sobre esse processo, Sirgado (2000, p. 58) observa que ele

> [...] só é possível porque na atividade humana opera uma dupla mediação: a técnica e a semiótica. Se a mediação técnica permite ao homem transformar (dar uma "forma nova") à natureza da qual ele é parte integrante, é a mediação semiótica que lhe permite conferir a essa "forma nova" uma significação.

A mediação auxilia na aquisição de funções superiores. Com ela, constroem-se possibilidades de recriação e (re)elaboração da realidade. Para Vigotski (2009a, 2009b), o professor é a figura essencial do saber, sendo um elo intermediário entre o aluno e o conhecimento. O autor parte da exploração de materiais e instrumentos, pois acredita que, quanto mais incentivos a criança tiver, mais amplas e ricas serão suas experiências. A mediação é o que cria possibilidades para garantir o seu aprendizado, mas esses instrumentos, esses signos, os quais estão em um contexto social e histórico, precisam ter sentido para os sujeitos envolvidos, sendo estes também possuidores do mesmo caráter sócio-histórico.

Mediação implica interação, uma ação que se relaciona com o eu e com o outro, que pode ser um sujeito ou objeto. As experiências com os sujeitos e objetos são o que promove a mediação, uma troca social que fomenta o conhecimento. Para Oliveira (2005, p. 26), "Mediação, em termos genéricos, é o processo de intervenção de um elemento intermediário numa relação", a qual, antes direta, agora é mediada por ele. A mesma autora complementa a definição:

> O processo de mediação, por meio de instrumentos e signos, é fundamental para o desenvolvimento das funções psicológicas superiores, distinguindo o homem dos outros animais. A mediação é um processo essencial para tornar possível as atividades psicológicas voluntárias, intencionais, controladas pelo próprio indivíduo (Oliveira, 2005, p. 33).

A mediação requer uma interação dialética[45], aquela que se vincula por meio do diálogo, do debate, das contradições e tensões dados pelas

---

[45] A dialética, conceito que permeia a mediação, visa à compreensão de uma relação que envolve as interações humanas e suas contradições. Não pode ser fundamentada por um único olhar, uma única postura, e, sim, pelas tensões e modificações. Nessa ótica, o conhecimento é sempre inacabado (Ciavatta, 2009). Requer, ainda, entender que esse fenômeno requer mais que uma concepção histórica e social, pois ele é ideológico.

interlocuções. Do mesmo modo, os instrumentos nela envolvidos interagem dialeticamente. Como já mencionado, a mediação é uma gama de relações complexas, as quais Ciavatta (2009) chama de "múltiplas mediações sociais". Essas relações envolvem os diferentes sujeitos, suas culturas, questões econômicas e históricas, algo concreto, que transcorre no âmbito da práxis humana, definida por Kosik (2002, p. 23) como

> O mundo real oculto pela pseudoconcreticidade, apesar de nela [na práxis] se manifestar, não é o mundo das condições reais em oposição às condições irreais, tampouco o mundo da transcendência em oposição à ilusão subjetiva [...].

As relações que envolvem os processos mediadores precisam ser compreendidas à luz de uma problemática político-social e econômica, na qual as lutas e contradições humanas estão imersas, por exemplo, no contexto do trabalho, que, contemplado conforme as necessidades externas, promove a insatisfação de homens e mulheres, tornando-os alienados. Em vez disso, o trabalho deve ser de caráter livre, no qual os seres humanos tenham o envolvimento de seus pares e dos instrumentos, sendo envolvidos em um processo de interação, e não apenas guiado pela mecanicidade.

Ciavatta (2009, p. 138) considera que a arte é o meio pelo qual a criação e a atividade livre são possibilitadas ao homem, sendo "a mais rica e a mais completa expressão das potencialidades do homem – por ser a arte, talvez, a atividade que mais se aproxima do conceito marxiano do trabalho como atividade livre, criadora, humana, e humanizante". Conforme argumenta a mesma autora, todo agir humano está relacionado a um argumento, um conhecimento, o que se constitui em uma resposta a uma necessidade libertadora. Por isso, podemos afirmar que, em função de os humanos se relacionarem com pares diferentes, além de variados objetos e instrumentos que permeiam um determinado tempo-espaço na história, está imerso em conhecimentos provisórios e inacabados que estão em constante processo de constituição e reconstituição.

A mediação é a particularidade histórica do fenômeno; portanto, quando falamos do que é historicamente determinado, estamos falando de mediações (Ciavatta, 2009, p. 128), as quais são definidas, também, pelas práticas sociais. É necessário que os processos que envolvem a mediação possam ser apresentados não apenas por narrativas e oralidades, mas por meio de objetos e instrumentos que permeiem a concretude e também os registros humanos — por exemplo, os documentos, considerados interlocutores de uma época e possuidores de linguagens que precisam ser decodificadas e entendidas dentro de um contexto, um lugar, um tempo e, ainda, por uma mediação ontológica, aquela que se vincula às especificidades do ser.

O particular é o campo das mediações. Os particulares são campos de determinações. O particular dá-se pela interlocução do singular e do universal. Desse modo, compreendendo as singularidades, as particularidades e a universalidade de um objeto, destacamos a mediação, que tem como aspecto inerente a dialética. Esta é entendida como movimento que remete o objeto estudado pelo pesquisador a uma totalidade histórica. O resgate da dimensão histórica de uma questão deve permitir superar o nível formal da expressão pelo desvelamento dialético da realidade investigada.

Concebemos o conceito de mediação como uma das categorias que iluminam o fenômeno educativo, ao lado das contradições, totalidade, reprodução e hegemonia (Cury, 1985). A educação existe por um processo de diferentes mediações e supõe articulações complexas, principalmente no que se refere ao aprendizado formal, institucionalizado, e não pode ser vista como objeto isolado.

O aprendizado formal não será, nunca, um conhecimento acabado, mas limitado e provisório, aberto a novas apreensões e a novos reconhecimentos. Esta não se constitui em uma visão relativista do conhecimento, mas em uma postura que admite a incorporação de novos elementos de compreensão ao conhecimento produzido, uma exigência da dialética do conhecimento (Ciavatta, 2009, p. 133). A mediação é, então, um enfrentamento da razão com a realidade, uma objetivação da realidade social, envolta em contradição e reciprocidade. Com inspiração em Lukács, Ciavatta (2009, p. 134) descreve-a como

> [...] a visão historicizada do objeto singular, cujo conhecimento deve ser buscado em suas determinações mais gerais, em seus universais, assim como ser situado no tempo e no espaço, isto é, em sua contextualização histórica. As determinações histórico-sociais, o campo do particular, permitem apreender um objeto à luz das determinações mais gerais. [...] À luz da particularidade histórica dos objetos artísticos em mediações, também aqueles não tão estéticos – mas, como os primeiros, resultantes da produção humana – podem ser mais bem conhecidos à luz do mesmo conceito.

O homem compõe-se da expressão histórica de um rico processo de determinações sociais que se constituem pela cultura, economia, política e etnia. Contudo, a história é contada pelas classes dominantes; nega, distorce e/ou omite outras visões e sujeitos sociais. Nesse contexto, o ensino bancário deforma a necessidade criativa do educador e do estudante, já que não prevê troca, mas transmissão. Há uma recusa da história, da cultura e principalmente do sujeito. Apesar disso, Freire (2018, p. 27) salienta que

> O necessário é que, subordinado, embora, à prática "bancária", o educando mantenha vivo em si o gosto da rebeldia que, aguçando sua curiosidade e estimulando sua capacidade de arriscar-se, de aventurar-se, de certa forma o "imuniza" contra o poder apassivador do "bancarismo". Neste caso, é a força criadora do aprender de que fazem parte a comparação, a repetição, a constatação, a dúvida rebelde, a curiosidade não facilmente satisfeita, que supera os efeitos negativos do falso ensinar. Esta é uma das significativas vantagens dos seres humanos – a de se terem tornado capazes de ir mais além de seus condicionantes. Isto não significa, porém, que nos seja indiferente ser um educador "bancário" ou um educador "problematizador".

O trabalho docente gera responsabilidades baseadas na forma como se organiza o ambiente escolar, pautada, sobretudo, em levar professores e alunos a dar conta de explorar os conteúdos curriculares. Ainda se trata de um conteúdo prescrito, o que faz o trabalho na escola guiar-se por um viés mais quantitativo. Se, de um lado, a dinâmica do sistema cria empecilhos para a educação problematizadora, de outro, a consciência para o ser mais, pela compreensão de que se é um ser inacabado, promove-a. Isso porque ela incita o docente a vivenciar o movimento de formação continuada, de leituras e pesquisas, questionando seu fazer em um espaço tão complexo. Na visão de Freire (2018, p. 26),

> Quando vivemos a autenticidade exigida pela prática de ensinar-aprender participamos de uma experiência total, diretiva, política, ideológica, gnosiológica, pedagógica, estética e ética, em que a boniteza deve achar-se de mãos dadas com a decência e com a seriedade.

As complexidades que marcam o trabalho docente fazem do uso da animação na sala de aula um desafio. As ações com a animação no processo educativo exigem estrutura mínima: computador, câmera e/ou celular, massa de modelar e/ou objetos alternativos, uso de software de edição, além de um planejamento pedagógico que acomode temáticas correspondentes ao currículo ou a projetos educacionais para justificar seu desenvolvimento em sala de aula, integrando o cotidiano, a tecnologia e a escola. Neste estudo, essas complexidades e integração são exploradas com base em trabalho de três professoras dos anos iniciais do ensino fundamental: Maria de Fátima, Rebeka e Raquel.

Salientamos que a proposta não consistiu em um comparativo entre o trabalho das três, apesar das situações em que isso foi inevitável. Aqui, o interesse pautou-se em analisar como cada uma, dentro de sua realidade, conseguiu vislumbrar os processos dialéticos da animação, pensando em seus anúncios e denúncias, suas contradições e seu dialogismo na educação e, ainda, a percepção das docentes quanto às questões técnicas e criativas.

O festival, os museus e a compreensão dos conceitos de trabalho como ação criativa são premissas para nossas análises. Saber a importância desses espaços como locais ativos de criação e potencial educativo vislumbra novos locais de formação para um trabalho com animação dentro e fora da sala de aula.

# APRESENTAÇÃO E ANÁLISE DOS DADOS

Uma vez discutidas as concepções de trabalho e a mediação na perspectiva da criação e da formação humana, este capítulo consiste na análise de dados referentes ao trabalho docente com animação, com base na colaboração de três professoras. Antes disso, apresentamos, a seguir, uma breve caracterização das docentes e seus espaços de trabalho e, posteriormente, as categorias que regem a análise realizada.

## 5.1 Caracterização das docentes

As três professoras colaboradoras desta pesquisa realizaram os trabalhos com animação em escolas municipais, sendo duas em Vitória (Maria de Fátima Carvalho e Raquel Falk Toledo) e uma de Domingos Martins (Rebeka Carvalho Bringer Moreira da Silva). Por isso, cada uma delas possuía tempo de atuação, condições estruturais de ensino e parcerias diferenciadas.

Licenciada em Ciências Sociais e pós-graduada em Informática na Educação, **Maria de Fátima** é professora de Informática Educacional. Quando ocorreu a produção de dados para esta pesquisa, contabilizava 25 anos de magistério e mais de uma década como professora efetiva da EMEF Experimental de Vitória/UFES[46], onde criou o projeto de animação em observação nesta pesquisa. Iniciou suas experiências com animação em 2008, valendo-se de

> [...] alternativas que estivessem mais próximas do cotidiano infantil, que se relacionassem diretamente com o uso das tecnologias, de forma a agregar os conhecimentos disciplinares para que o laboratório de informática não se reduzisse a cópias de textos da internet.[47]

---

[46] Localizada na UFES, campus Goiabeiras, a escola pertence à Rede Municipal de Ensino de Vitória. Seu público é próprio da região onde está situada (Goiabeiras, Jardim da Penha, Morada de Camburi e bairro República), apresentando disparidades socioeconômicas. A escola possui salas de aulas amplas e arejadas, com laboratório de informática com 25 computadores, sala de vídeo com *data show* e cadeiras para plateia, uma pequena quadra de esportes, além de sala de professores, de secretaria e equipe pedagógica.

[47] Mária de Fátima, 2018, entrevista individual.

Esta professora não fez cursos específicos em animação, aprendendo-a, por curiosidade, com base em pesquisas no YouTube.

À época da coleta de dados para esta pesquisa, a docente trabalhava 40 horas semanais, divididas em dois turnos, lecionando para 18 turmas do ensino fundamental (1º a 9º ano). Na EMEF Experimental de Vitória/UFES, Maria de Fátima estabeleceu uma rede de parcerias para receber apoio pedagógico. Essa rede não foi criada especificamente para o projeto de animação que esteve sob observação neste estudo, mas valendo-se de trabalhos desenvolvidos pela educadora em anos anteriores, como a produção, com seus alunos, das animações o *Gato Verde*[48], *A Culpa é de Quem?*, *O Lixo na Escola*, *O Piquenique*[49], entre outras. No projeto de animação que foi alvo de observação no âmbito desta pesquisa, Maria de Fátima contou com a parceria da professora Cristiane Souza[50], da bibliotecária Michele Silva[51] e da pedagoga Amanda Gonçalves[52], que colaboraram na produção e, ainda, nos processos de mediação.

Um fator relevante para o trabalho de Maria de Fátima é a estrutura da escola: salas amplas, laboratório de informática, biblioteca, pátio e ambientes passíveis de adaptação, como as extremidades dos corredores, transformadas em cantos de leitura, como uma expansão da biblioteca. O apoio pedagógico recebido ao perceber a ausência de materiais para a produção também deve ser ressaltado, visto que, para garantir a produção das animações com massa de modelar, a docente fez uma permuta de materiais com a escola vizinha[53]. Essas circunstâncias oportunizaram um trabalho realizado com mais cautela e tempo, em que transtornos estruturais mais controlados exerceram, por consequência, menos impactos negativos sobre o processo de criação.

---

[48] Ver em: https://www.youtube.com/watch?v=5CLesnKePzQ. Acesso em: 15 fev. 2023.

[49] Essas três últimas animações podem ser vistas no endereço http://emefufes.blogspot.com.br/. Acesso em: 13 jun. 2023.

[50] Professora regente da turma do quinto ano do ensino fundamental na EMEF Experimental da UFES – Vitória. Formada em Pedagogia, tem o desenho como passatempo. É entusiasta do cinema e aceitou participar do projeto de animação, mesmo sem nenhuma experiência na área.

[51] Bibliotecária da EMEF Experimental da UFES – Vitória, participa de projetos com a professora Maria de Fátima no ambiente escolar. Não possuía cursos orientados à animação, mas contribuía nos trabalhos da colega sempre que possível.

[52] Pedagoga da EMEF Experimental da UFES – Vitória; até o início desta pesquisa, não possuía nenhum contato com a criação de animações.

[53] A escola vizinha, Criarte, é um Centro de Educação Infantil pertencente à UFES, localizada no campus de Goiabeiras. Realiza inscrição para que filhos de alunos e funcionários possam, por sorteio, obter o direito à matrícula. Separa-se da EMEF Experimental de Vitória – UFES por um muro. Cada unidade tem uma administração própria, pois também pertencem a redes de ensino diferentes.

Em contraponto, trabalhando em uma escola também pertencente à rede municipal de ensino de Vitória, **Raquel** não possuía estrutura semelhante. O laboratório de informática da EMEF Adilson da Silva Castro[54] estava sem professor, e as salas de aula possuíam ventiladores barulhentos, que precisavam ser desligados enquanto ela abordava o conteúdo com os alunos. Em adição, as parcerias eram limitadas, em decorrência das atividades pedagógicas desenvolvidas com vistas ao encerramento do ano letivo.

Raquel tem formação em magistério e é licenciada em Artes Visuais. Em 2018, acumulava 17 anos lecionando. Na EMEF Adilson da Silva Castro, atuava como regente de sala na turma do quinto ano. Também lecionava a disciplina de Arte em uma escola privada (11 turmas). Professora efetiva na rede municipal de Vitória, havia requerido licença sem vencimentos, em virtude do acúmulo de trabalho, que vinha alterando seu estado de saúde. Além de lecionar, a docente tem trabalhado com pintura em aquarela, escreveu um livro e fez duas exposições no período 2019-2020.

Raquel faz animações em espaços educativos desde 2011 e entende a potencialidade da animação em seu trabalho docente, a qual, em sua visão, aproxima alunos e professores, aborda técnicas de forma lúdica e ainda permite o diálogo de assuntos do cotidiano, possibilitando a reflexão sobre o papel dos estudantes como cidadãos. Foi a professora responsável pela criação do projeto de animação observado na escola EMEF Adilson da Silva Castro. Possui experiência com a produção de animações no ensino em espaços formais e informais, as quais ocorreram com base em sua curiosidade e estudo, por meio de plataformas virtuais como YouTube e leitura sobre a temática, explorada em seu trabalho de conclusão de graduação.

Professora licenciada em Artes Visuais, criadora do projeto de animação com produção de *flipbooks* na EMEF Santa Isabel, em Domingos Martins, **Rebeka**, diferentemente de Raquel e Maria de Fátima, não usa a animação com base em projetos, mas insere-a nos conteúdos curriculares do ensino de Arte, como o cinema e/ou o desenho. Em 2018, ela lecionava para 34 turmas, sendo 16 na rede municipal de Domingos Martins e 18 na

---

[54] Localizada na Ilha de Monte Belo, no município de Vitória, recebe os estudantes do próprio bairro e, ainda, do Morro do Romão e Ilha de Santa Maria, localidades consideradas socialmente periféricas, estando esses alunos expostos a risco social. A escola funciona em um prédio de quatro andares, cujas salas de aula, em sua maioria, têm pouca circulação de ar, escadas, sem elevadores, com rampa apenas no primeiro andar. O público é constituído por alunos do primeiro ao nono ano do ensino fundamental. Possui uma pequena quadra de esportes, auditório, laboratório de informática, cujas máquinas, à época do desenvolvimento da pesquisa, necessitavam de manutenção — a maior parte dos equipamentos e mobiliário foi doada por outras escolas. A escola passou por revitalização e conta com uma pequena área verde.

rede estadual (é efetiva em ambas). Contabilizava 14 anos lecionando e 8 anos desenvolvendo ações com animação, principalmente com a criação de *flipbooks*. Além de lecionar, trabalhava com balões personalizados, pintados à mão. Também não possuía cursos na área de animação, mas participou, com esta pesquisadora, da produção de animações com crianças do segundo ano do ensino fundamental, desenvolvido na mesma escola, em 2012.

A observação do trabalho de Rebeka deu-se na EMEF Santa Isabel[55], vinculada à rede municipal de Domingos Martins. Mediante a configuração estrutural dessa unidade de ensino, para que seus alunos compreendessem a imagem em movimento, a docente optou pelo trabalho com a animação por meio da técnica do *flipbook*. Ela restringiu o planejamento de suas ações ao espaço-tempo da sala de aula, pois considerou que *"o tamanho e o quantitativo de máquinas no laboratório e os softwares não seriam adequados para a produção de um filme de animação"*[56]. Sua parceira no projeto com animação foi a professora Mariana Saiter[57].

Em relação ao fato de nenhuma das docentes possuir formação específica na área de animação, é importante ressaltar que a oferta de cursos sobre o uso dessa linguagem em sala de aula é escassa no Brasil, estando restrita aos grandes centros, e, por isso, ainda mais rara no Espírito Santo[58]. Em adição, salientamos que os tutoriais on-line, meios pelos quais elas adquiriram conhecimento sobre a temática para, então, explorá-la com os alunos[59], estão mais focados em aspectos técnicos e raramente contemplam possibilidades pedagógicas. Em função disso, a experiência desta pesquisa-

---

[55] Situada em Santa Isabel, distrito de Domingos Martins, recebe os estudantes da zona rural e da sede, além de Viana, município vizinho, situado na Região Metropolitana da Grande Vitória. Com instalações que fazem alusão à imigração alemã, a escola possui salas de aula arejadas, quadra esportiva ampla e laboratório de informática, cujo quantitativo de máquinas, à época, não contemplava todos os estudantes da turma com a qual a professora Rebeka desenvolveu a proposta de animação.

[56] Rebeka, 2018, entrevista individual.

[57] Professora regente da turma do quinto ano do ensino fundamental da EMEF Santa Isabel – Domingos Martins. Formada em Pedagogia, atuou como parceira da professora Rebeka em diversas ações na escola. Não possuía nenhuma experiência com a criação de animações.

[58] No Espírito Santo, há o Instituto Marlim Azul, vinculado à Galpão Produções, que promove oficinas de animação na Rede Municipal de Ensino de Vitória. A proposta é semelhante à do Anima Escola. Entretanto, o quantitativo de escolas contempladas é reduzido. No projeto, a escola seleciona um grupo que trabalha no contraturno para produzir os filmes animados. Antes disso, em 2011 e 2012, o Serviço Social do Comércio realizou uma oficina de cinema contendo um módulo de animação. Esta ação foi prioritariamente realizada com professores da rede estadual de ensino, sendo, possivelmente, para a maior parte dos docentes envolvidos, o primeiro contato com a linguagem. A maioria dos respondentes do questionário aplicado no âmbito desta pesquisa, aliás, frequentou essa formação. Em 2013, também em parceria com a mesma entidade, realizou-se a oficina Minuto Lumière, com a professora Adriana Fresquet. Tratou-se de uma oficina de cinema, e não de animação. Nenhuma das três docentes e suas parceiras envolvidas neste estudo frequentaram essas formações.

[59] Questionário, 2017.

dora com processos formativos na área de animação na educação não passou despercebida aos olhos das docentes, pois pôde auxiliar na construção e criação do que elas estavam propondo.

A priori, a intenção da pesquisadora era apenas observar o trabalho, mas a interação e a dinâmica das aulas fizeram com que sua participação se ampliasse. A pesquisadora sanou dúvidas suscitadas pelas docentes, fez a apresentação sobre os brinquedos ópticos para os alunos com Maria de Fátima; estabeleceu "ponte" entre esta e Raquel, viabilizando o empréstimo dos brinquedos ópticos para esta última; auxiliou Rebeka, averiguando se os alunos haviam compreendido os procedimentos técnicos do *flipbook* (a turma era grande, havendo a necessidade de atender aos alunos em vários pequenos grupos).

Ainda, de modo a compor o trabalho colaborativo, houve participação desta pesquisadora no empréstimo de equipamentos[60] tecnológicos, como câmera fotográfica, computador e tripé. O uso de vários equipamentos para a criação das animações gerou maior necessidade da participação da pesquisadora. Isso ocorreu principalmente na turma de Raquel, que, apesar de suas parceiras indiretas, não teve suporte de outros profissionais no momento da execução da proposta, que abarcou apenas dois dias. Neste caso, a colaboração da pesquisadora aconteceu com base na exposição sobre as questões técnicas e tecnológicas em um dos três grupos ao manusearem o computador e o software de animação.

Sendo assim, a escolha das categorias de análise "Parceria", "Método e práxis pedagógica", "Técnica e criação", apresentadas a seguir, de certa forma, foi estabelecida na construção de um trabalho de animação em sala de aula em caráter colaborativo, iniciado pelas docentes, passando a contar, também, com a pesquisadora, que pôde não apenas desenvolver um estudo sobre o assunto, mas participar diretamente dos processos que lhe deram base.

## 5.2 Categorias de análise

A análise apresentada a seguir está sistematizada sob três aspectos que ganharam relevo no conjunto dos dados produzidos (via observação do trabalho docente em sala de aula; conversas informais no intervalo das aulas; entrevista individual com as três docentes e, ainda, conversa coletiva para devolutiva dos dados). Desse modo, a seguir, destacamos elementos

---

[60] As professoras possuíam alguns equipamentos. O empréstimo ocorreu de modo a otimizar a criação das animações e acelerar o processo de trabalho com mais de um grupo ao mesmo tempo.

marcantes reunidos em torno de três categorias: **parcerias, método e práxis pedagógica** e **processos de técnica e criação** no trabalho docente com animação.

### 5.2.1 Parcerias

No senso comum, o termo "parceria" está associado à ideia de cooperação ou auxílio entre partes que, estando em situação semelhante, se ajudam mutuamente na realização de tarefas ou atividades, no todo ou em parte. As parcerias são muito presentes no mundo do trabalho e facilitam o cotidiano. Essa noção geralmente aparece em sites institucionais e órgãos públicos com o intuito de apresentar os colaboradores, apoiadores e até patrocinadores de projetos. Em contrapartida, a maioria das discussões sobre o conceito de parceria na educação destaca a necessidade de uma articulação entre escola e família, tal como defendem os movimentos Nova Escola[61], Escola em Movimento[62] e Educa Mais Brasil[63]. No entanto, é importante destacar que o termo "parceria" também vem sendo não apenas usado, mas usado com distorções, pelo neoliberalismo. Exemplos nesse sentido são o uso do termo em documentos, formações e propagandas midiáticas, como vimos no primeiro capítulo deste estudo.

Em outra via, ao tratarem das parcerias na formação de professores, Foerste e Lüdke (2003, p. 165) destacam a experiência de Quebec sobre a profissionalização docente, bem como as principais interlocuções acadêmicas sobre tal conceito. Para os autores, "a parceria poderia ser utilizada como uma prática emergente de colaboração, cooperação, partilha de compromissos e responsabilidades". Contudo, a experiência dessas parcerias mostra que, de um modo geral, isso ocorre quando o Estado não cumpre seu papel.

Na produção científica analisada, as parcerias na educação correspondem, principalmente, à interação entre família e escola, por exemplo, como tentativa de melhorar o aprendizado, além de parcerias entre escolas de educação básica e universidade. Um aprofundamento de estudos sobre a prática de parcerias no dia a dia do ambiente escolar poderia contribuir para se problematizar a fragmentação do conhecimento, com agravamento do trabalho isolado das disciplinas. Possivelmente, a colaboração entre as

---

[61] Ver em: https://novaescola.org.br/conteudo/1789/parceiros-na-aprendizagem. Acesso em: 1 jun. 2023.

[62] Ver em: https://escolaemmovimento.com.br/blog/a-importancia-da-parceria-entre-pais-e-escola-para-um--bom-rendimento-escolar-dos-filhos/. Acesso em: 15 dez. 2023.

[63] Ver em: https://www.educamaisbrasil.com.br/educacao/noticias/a-importancia-da-parceria-entre-familia--e-escola. Acesso em: 20 fev. 2023.

equipes que atuam no ambiente escolar (biblioteca, laboratórios, coordenadorias, professores, serviços em geral e alunos etc.) favoreceria o incremento de uma abordagem crítica e emancipatória da formação humana. O que dizer, então, da colaboração com a comunidade?

Assim como Foerste e Lüdke (2003), compreendemos que a identidade do profissional se configura por meio das interfaces de saberes que são construídos e adquiridos em um processo multifacetado e complexo. Nessa configuração, destacamos as inter-relações existentes no ambiente escolar, que promovem o surgimento de parcerias, desde que a proposta na qual elas se dão tenha conexão com os envolvidos. Isso porque, segundo entendemos, para se consolidarem, as parcerias precisam de um sentimento de pertença nos envolvidos em relação a objetivos, métodos, processos, proposta ou projeto, pois só assim estes serão alcançados.

As parcerias ampliam o conhecimento. Afirmamos isso com base nas inter-relações formadas para o trabalho com animação. As parcerias estabelecidas pelas três docentes com outros atores do ambiente escolar tornaram a proposta mais ágil e proveram os estudantes com mais informações. Isso ocorreu, por exemplo, em momentos em que Maria de Fátima e Cristiane socializavam e alternavam as gravações das animações, visto que não podiam realizá-las nas aulas de informática educacional. Já Rebeka foi auxiliada por Mariana, que permitia a continuação dos *flipbooks* em suas aulas. Raquel, por sua vez, obteve ajuda desta pesquisadora, que, ao mediar as ações com alguns grupos, colaborou para agilizar as animações.

Além das parcerias firmadas entre professores, corpo pedagógico e auxiliares de ensino, percebemos que estas também inspiram os estudantes. Imersos em parcerias, eles acabam por fortalecer seus grupos, aceitar as diferenças e trabalhar em equipe. Contudo, todo esse processo se deu pelas mediações docentes.

Ao analisar o trabalho docente, ficou evidente que a execução exitosa dos projetos de animação requer apoio de outros recursos humanos. As parcerias ajudam a contornar, entre outros problemas, os relacionados com a estrutura, tão comuns nas escolas. Foi o que ocorreu na Escola Experimental de Vitória – UFES, por intermédio das parcerias que a professora Maria de Fátima manteve com colegas e até com a escola vizinha com quem estabeleceu permuta de material.

Conforme a diretora da referida escola, a execução do trabalho com animação é incentivada, desde que transcorra em equipe e de forma interdisciplinar, de modo a reunir áreas curriculares em comum e promover um ensino mais dialógico[64]. Foi perceptível que, apesar de decisiva e adequada do ponto de vista pedagógico, essa atividade também é influenciada pelas relações que se formam e se firmam com base em afinidade e amizade. Assim, Maria de Fátima, professora de Informática Educacional, agregou ao projeto a professora regente de sala Cristiane; a bibliotecária Michele, e a pedagoga Amanda, o que lhe possibilitou um trabalho em equipe e de longo prazo.

Conforme a diretora, a perspectiva da escola é que o trabalho docente seja pautado em parcerias, as quais, entretanto, não são obrigatórias, devendo ocorrer conforme a consonância do professor com a abordagem dos projetos. Os docentes de Educação Física e de Arte que também atuavam na turma do quinto ano não participaram da proposta, ainda que o último componente curricular mostrasse aderência com o projeto de animação. Todavia, paralelamente ao trabalho com a professora Maria de Fátima e parceiras, a professora do segundo ano do ensino fundamental produziu com seus alunos uma animação com os instrumentos de congo. Logo, mesmo que não fosse parceira no projeto sobre o qual discorremos neste estudo, ela se motivou a vivenciar com os alunos uma experiência com a linguagem. Nesse processo, atuaram como seus parceiros, indiretamente, a professora Maria de Fátima e esta pesquisadora.

Apesar de os desenhos animados serem hoje pouco veiculados na TV aberta, estando presentes em canais específicos e por assinatura, o termo "animação" vem ganhando espaço nas diversas mídias, por seu caráter lúdico e de entretenimento, ou nos *games*, computadores e *Graphics Interchange Formats* (GIFs), de uso comum nas redes sociais. Há, ainda, episódios de séries ou fragmentos de programas que abordam regras básicas do funcionamento de uma animação, tais como *Icarly* e *Arte Ataque*, exibidos, respectivamente, como episódios diários da TV Globinho (TV Globo) e no canal fechado Disney Channel. Por isso, o uso da animação na escola caracteriza uma aproximação com o universo dos estudantes, pois é uma linguagem de seu repertório.

No entanto, para o professor, trabalhos com animação representam um desafio, o qual ele vivencia com base em uma decisão pessoal, pois tais atividades, a não ser na disciplina de Arte, não constam do currículo, apesar de abordarem conceitos relacionados às tecnologias de todas as áreas de conhecimento. O tempo cronológico que rege a dinâmica do sistema

---

[64] Luciana Castelo, diretora escolar, 2018, entrevista individual.

escolar e o domínio de disponibilidade de ferramentas tecnológicas são outros limitadores, pelo fato de os docentes serem "imigrantes digitais". Ou seja, uma parcela desses profissionais aprendeu a manusear computadores, internet, e-mails e câmeras digitais na juventude ou fase adulta, diferentemente dos seus alunos, os chamados "nativos digitais", que nasceram na era digital, o que faz com que sua inserção no uso desses recursos ocorra já nos primeiros meses de vida (Palfrey; Gasser, 2011).

O projeto de animação criado por Maria de Fátima teve por objetivo associar os conteúdos das aulas de Informática com os que estavam sendo ministrados por outras disciplinas, além de incentivar a leitura, com base em títulos da biblioteca da unidade. Em anos anteriores, ela já havia desenvolvido trabalhos animados com os alunos, o que fez com que outros professores regentes tivessem interesse em ser seus parceiros.

Contudo, pela experiência com a linguagem, a docente optou por trabalhar com uma única turma para garantir uma atividade exitosa e de qualidade. Com o suporte da pedagoga Amanda, dadas as carências observadas no ano letivo anterior, o 5º Ano B foi identificado como a turma que necessitava de mais atenção e de atividades que buscassem se afastar do ensino tradicional. À época, a professora Cristiane estava recém-chegada à escola, mas, ao ouvir sobre os objetivos da proposta com animação, mesmo sem experiência na área, passou a ser parceira de Maria de Fátima em sua realização.

Com a professora Raquel, as parcerias foram criadas de acordo com os contextos curriculares — por exemplo, com o professor de História, o que proporcionou aos estudantes uma ampliação dos conteúdos da disciplina. A professora utilizou-se do livro *A mala de Hanna*[65], solicitando ao colega historiador uma aula diferenciada sobre a Segunda Guerra Mundial, período em que a personagem viveu. Isso permitiu aos estudantes ampliar o conhecimento sobre esse período.

As parcerias com as bibliotecas e bibliotecários das escolas mostraram-se relevantes no desenvolvimento do projeto de animação de Maria de Fátima e também de Raquel, pois incentivaram os alunos a tomar livros de empréstimo, além de ambientá-los com esse importante espaço da escola. No caso da Escola Experimental de Vitória – UFES, a bibliotecária Michele já havia colaborado ativamente com muitos projetos, fazendo do seu ambiente de trabalho um espaço em que os alunos são ativos e partici-

---

[65] Ver: LEVINE, K. *A mala de Hanna*: uma história real. São Paulo: Melhoramentos, 2009.

pativos. A bibliotecária contribuiu com os alunos no processo de pesquisa sobre o tema das animações, motivando-os e auxiliando-os no diálogo para que pudessem ampliar seu repertório sobre o tema. Além disso, a biblioteca foi o espaço onde ocorreram parte das gravações, o que contribuiu para pensá-la para além do silêncio a que em geral nos remete, mas como um lugar de movimento, em função da produção de animação.

Por sua vez, a professora Rebeka estabeleceu parceria com Mariana, regente de sala. Sua opção foi por uma proposta de produção animada mais simples por compreender as limitações físicas de seu ambiente de trabalho: um laboratório de informática insuficiente para todos os estudantes e pouco tempo para a conclusão da animação, visto que a produção se iniciou somente em outubro. O planejamento anual, feito desde o início do ano letivo, previa o início do trabalho em setembro. Além do início tardio, o projeto teve de ser interrompido em função de outras atividades da EMEF Santa Isabel, as quais tiveram datas alteradas. Entre esses momentos, estavam os de realização das avaliações de larga escala e visitas pedagógicas. Tais atividades foram agendadas no dia das aulas de Arte sem o diálogo com a docente, que, na turma em que a observação foi realizada, ministrava duas aulas por semana, estando elas geminadas.

Descritas as redes de mãos unidas em torno da produção das animações nas três escolas, avaliamos que a parceria é o que configura o trabalho docente com a animação, que, no processo de observação em sala de aula, saltou como uma das categorias mais importantes. As parcerias nesse tipo de atuação ocorrem em função da escassez, em sala de aula, de tempo que permita a execução da proposta. Por isso, as parcerias envolvem o uso do tempo de aula de outros docentes, sendo movidas, também, pelo perfil/ afinidade, pela necessidade de suporte tecnológico e pedagógico e pelo tangenciamento da proposta com professores de outros conteúdos curriculares.

O tempo de que o docente dispõe para o desenvolvimento do trabalho com a animação determina o formato das criações, que pode se configurar como uma experimentação de processos existentes, análise, uma animação a ser exibida ou um brinquedo óptico. Uma das possibilidades utilizadas pelas professoras foi a organização dos estudantes em pequenos grupos. Ao identificar que alguns possuíam dificuldade de aprendizado, elas iniciavam as produções com aqueles que, conforme avaliavam, tinham facilidade com a linguagem para que, assim, estes concluíssem a produção mais rapidamente e auxiliassem os demais.

> *[...] apesar de ter sido uma estratégia para adiantar e agilizar o trabalho, também foi um grande ganho para eles em relação à convivência, solidariedade, cooperação. Porque esses alunos que terminaram, num certo momento, eles acharam que seriam os melhores por terem acabado, mas, quando a gente falou para eles que "o trabalho não acaba aqui, porque o trabalho não é só seu, é da sala... porque não adianta o seu estar pronto, se [d]os outros colegas não [...]... Então, vocês vão ser os colaboradores dos outros". E a gente colocou neles essa responsabilidade de ajudar aos outros também. Então, foi meio que partilhado. Foi um ganho em relação à solidariedade, porque a gente via nesses alunos uma turma muito fragmentada. O processo ajudou a reunir, torná-los pares. Eu acho que é o que estava faltando naquela sala. Eles verem que estavam todos na mesma condição de direitos e deveres.[66]*

Dada a dinâmica indicada pela professora Cristiane, os alunos, a partir do término de suas animações, em seus pequenos grupos, começaram a se organizar e se subdividiram para auxiliar os colegas que ainda não haviam concluído a animação. As professoras indicaram aos discentes o que precisava ser feito: concluir modelagens, cenários ou capturar as imagens, além de utilizarem os softwares de animação. Depois, eles escolhiam o que fazer com base em suas habilidades. Nesse ambiente, as docentes entenderam quão importante era proporcionar autonomia, evidenciando a parceria e a colaboração.

Na Escola Experimental de Vitória – UFES, o projeto de animação foi iniciado em março e findado em novembro. Ali, também ficou perceptível quanto os alunos se tornaram mais colaborativos uns com os outros. Isso pode ser visto nas articulações para a elaboração dos cartazes de divulgação de pesquisa sobre animação e das animações produzidas e na arrumação da sala em que ocorreu sua exibição. Apesar de a turma ter sido subdividida em pequenos grupos, o processo de criação da animação fez com que eles se tornassem parceiros e aprendessem a ajudar uns aos outros. Entenderam, de fato, que o resultado não era individual, mas coletivo, da turma toda. Tal percepção só foi possível pela tomada de decisão das docentes em incentivar a colaboração, como destacado.

Em suma, as propostas de trabalho com animação na sala de aula das três professoras foram perpassadas pela parceria como um fator essencial para sua execução. Essa parceria, como podemos notar, ocorre entre o docente e seus colegas e também entre os alunos. Percebemos, então, que

---

[66] Cristiane, 2019, conversa de devolutiva.

a parceria deve compor uma das diretrizes do trabalho docente com a animação, pois permite o compartilhamento das ideias e dúvidas e, sobretudo, amplia as informações aos alunos para que possam construir conhecimento. Contudo, as parcerias firmadas precisam dar aos parceiros a sensação de pertencimento, o que desperta comprometimento e disponibilidade, assim como o prévio conhecimento, por todos da equipe, dos objetivos de aprendizagem pretendidos com a animação.

Foerste e Lüdke (2003) classificam as parcerias em três tipos: colaborativa, oficial e dirigida. A primeira consiste no processo de articulação entre professores das universidades e da educação básica. Já a parceria oficial possui caráter burocrático e exige decreto governamental, instância à qual se juntam as universidades. Por fim, a parceria dirigida diz respeito à racionalidade técnica dos cursos das universidades, em um processo de mostrar às escolas seu trabalho e forma de atuação, influenciando as concepções de formação (Foerste, 2005).

Com base nas definições dadas por esses autores e refletindo sobre a realidade observada nas salas de aula das três docentes envolvidas neste estudo, acrescentaríamos um quarto tipo de parceria: aquela que se dá entre pares, firmada dentro do ambiente escolar, por aqueles que estão no chão da escola, que dialogam diariamente sobre as reais necessidades dos docentes no cotidiano de seu trabalho e em seus aspectos formativos.

Em entrevista realizada no âmbito deste estudo para uma melhor compreensão sobre os dados produzidos a respeito das parcerias observadas no trabalho com animação, Foerste (2021)[67] avalia que o conceito de parceria deve ser visto de forma ampla, a começar pelas questões salariais, que envolvem secretarias de educação, o Estado e os sindicatos. O autor reitera que o trabalho do professor na organização do processo educativo escolar se dá pelo dialogismo e acolhimento, "tendo um clima de colaboração, um clima de diálogo e um clima de trabalho coletivo" (Foerste, 2021)[68].

Observamos que as parcerias entre pares acontecem, por exemplo, conforme relações de amizade mais antigas, dadas, com frequência, entre professores efetivos ou agregando contratados que se pautam por propósitos semelhantes, ocorrendo de forma despretensiosa, e não por meio de um trabalho institucionalmente imposto. Quando propõe um projeto ou ação educativa com a participação de parceiros, o docente precisa reestruturar

---

[67] Foerste, 2021, entrevista individual.

[68] *Ibid.*

suas aulas de modo que os que a ele vão se juntar possam também atuar nesses horários, configurando a parceria como multidisciplinar. Ao receber parceiros em seus horários de aula, entretanto, os docentes podem ser criticados por outros colegas de trabalho, que o acusam de não executar suas funções, pelo uso de abordagem que se diferencia da educação tradicionalista a que estão acostumados.

Essas circunstâncias mostram que a pertença, nesse tipo de parceria, dá-se, primeiro, pelo grau de afinidade e, posteriormente, pelo tangenciamento de conteúdo e pela turma. Tais aspectos trazem implicações diretas para a abordagem, a metodologia e o resultado da ação pedagógica. Tão relevante quanto entender o que motiva esse tipo de parceria é que ela seja avaliada. O foco da avaliação pode recair sobre as ações desenvolvidas, mas, também, sobre a equipe envolvida no projeto para garantir o trabalho dialógico e colaborativo, sem sobrecarga aos companheiros.

Conforme a observação do trabalho docente com animação, podemos classificar as parcerias entre pares em dois tipos: parceria docentes-equipe pedagógica e parceria docentes-discentes. A segunda, inerente ao trabalho docente, sem a qual não há aprendizagem, envolve diálogo sobre as ações, além de acordos, o que, em sala de aula, costuma ser chamado de "combinados", previamente estabelecidos, visando deixar explícitos os objetivos a serem cumpridos, bem como o papel definido a cada discente. A parceria entre docentes e discentes é a mais trabalhosa, pois é diretamente influenciada por aspectos culturais, sociais e educativos.

Contudo, as parcerias docentes-equipe pedagógica tornam-se ainda mais complexas, em função das relações interpessoais que as caracterizam: a exibição dos trabalhos não apenas com uma apresentação, mas como um momento no qual pode emergir a sensação de uma disputa. Por outro lado, nesses momentos de culminância, alguns colegas de trabalho que questionavam os docentes sobre o tempo de dedicação e os materiais usados no projeto demonstram interesse em participar de trabalhos dessa natureza e aprender a técnica quando novos projetos forem desenvolvidos, pois ficam admirados com a capacidade dos alunos em produzir algo que, comumente, é realizado por adultos.

Quando falamos no uso de animação na educação, entendemos como parceria, portanto, a relação e construção de meios capazes de promover um trabalho dialógico e exitoso, no qual os pares se sintam seguros com sua participação, uma experiência caracterização pelo senso de pertencimento, por meio de um processo colaborativo, necessário ao comprometimento e desenvolvimento de projetos e ações. A parceria entre pares exige o conhecimento dos temas com os quais se pretende trabalhar e, principalmente, o respeito aos saberes dos estudantes, demonstrando a capacidade de expandir o universo docente e chegar com vigor aos alunos para, assim, contagiá-los e, em caráter contínuo, torná-los parceiros.

A compreensão dos conceitos e tipos de parceria é importante para ampliarmos os diálogos e sabermos como ocorrem essas relações em diversas esferas. Esse conceito tem sido usado para nominar relações que pouco ou nada têm a ver com a parceria que discutimos aqui. Sobretudo, retiram a responsabilidade dos entes públicos quanto ao cumprimento de suas obrigações na garantia de direitos sociais, guiando-se por um viés neoliberal e, portanto, mercadológico.

Na perspectiva do neoliberalismo, o conceito de "parceria" impregna-se de uma intencionalidade que não contempla as reais necessidades do sistema educacional. Esse tipo de política nos conduz, por exemplo, a considerar que as formações devem ocorrer em uma perspectiva horizontalizada, sendo feita pelos nossos pares. Documentos como a BNCC utilizam e incentivam as "parcerias", como também as relações da escola com a família, em uma via em que esta passe a desempenhar parte das obrigações estatais.

Pensar e trabalhar em parceria não é o problema. Pelo contrário, tem sido a solução para promover articulações e projetos — como a animação em sala de aula. O problema ocorre quando as "parcerias" são incentivadas por um ente que se exime de realizar investimentos financeiros aos quais está obrigado. Por que não remunerar um colega de trabalho, se ele está possibilitando um processo formativo em sua escola? Por que, na educação, em sua maioria, as formações ocorrem por meio de "parcerias" em que o trabalho tem caráter "gratuito", para não dizer de exploração mesmo?

Esses questionamentos são importantes para não nos corrompermos com demandas que não são nossas ou que não contemplam o que de fato compreendemos por parcerias, representadas pelas relações entre as professoras e suas colegas, as quais descrevemos neste tópico. Em síntese, as parcerias para o trabalho com animação em sala de aula são fundamentais, pois, além de agilizar os trabalhos e/ou possibilitar sua continuidade, trazem o trabalho conjunto com outros profissionais, ampliando a rede de informações e saberes.

## 5.2.2 Método e práxis pedagógica

Essa categoria emerge, primeiramente, da criação e das propostas metodológicas das docentes com o uso da animação em sala de aula. Nesse sentido, perpassa conceitos que levam também à práxis, pois permite uma ação-reflexão sobre o que foi realizado. A categoria método vai além do fazer. Netto (2011, p. 52) destaca que

> [...] para Marx, o método não é um conjunto de regras formais que se "aplicam" a um objeto que foi recortado para uma investigação determinada nem, menos ainda, um conjunto de regras que o sujeito que pesquisa escolhe, conforme a sua vontade, para "enquadrar" o seu objeto de investigação [...] O método implica, pois, para Marx, uma determinada posição (perspectiva) do sujeito que pesquisa: aquela em que se põe o pesquisador para, na sua relação com o objeto, extrair dele as suas múltiplas determinações.

A princípio, o método, para as docentes, era simplesmente a forma escolhida para aplicar as atividades. Na tentativa pela autonomia, elas começam, assim como Marx, a entender esse método como uma perspectiva do sujeito; no caso delas, de serem docentes e de usar a si próprias e também a animação para mediar a aprendizagem. Ao optarem pela animação para realizar seu trabalho em sala de aula, dela extraíram as potencialidades que o tempo, o espaço e a estrutura de que dispunham permitiam, potencialidades essas que rompem os muros da escola e alcançam, até mesmo, as famílias, pois se baseiam na reflexão sobre as ações realizadas.

A reverberação do método escolhido pelas docentes para as criações remete-nos ao conceito de práxis em Paulo Freire, tratado, sobretudo, em seu livro *Pedagogia do oprimido* (Freire, 2017b), perpassando todo seu escopo, sendo lembrado, ainda, em *Pedagogia da esperança* e *Pedagogia da autonomia* (Freire, 2015, 2018). Freire (2017b) compreende a esfera da práxis com base em uma relação e integração entre teoria e prática, ampliando-se ao ser dimensionada como ação e reflexão. Para o autor, quem age reflete; e quem reflete age, sendo a fundamentação ímpar para o que ele vem a chamar de práxis pedagógica. Conceito que rege muitas abordagens de ensino voltadas à valorização e promoção do humanismo em suas relações, a práxis faz o docente analisar, a todo momento, os processos pedagógicos, abarcando as relações humanas e sociais pela realidade vivida.

Outro autor que tangencia as questões da práxis, até mesmo em uma vertente próxima à de Freire, é Sánchez Vázquez (1977, p. 3), para quem a "atividade material do homem que transforma o mundo natural e social [...] [faz] dele um mundo humano", uma visão que também mantém aproximação com o viés marxista. Neste, a práxis consolida-se por meio da interface teoria e prática, destacada nas *Teses sobre Feuerbach* (Marx, 1845). Nessa perspectiva, o conceito de práxis desvela-se por meio da relação com a natureza. Essa relação humana transforma e se modifica segundo as práticas sociais.

Para Freire (2017b, 2018), Marx (2009, 2010) e Sánchez Vázquez (1977), a práxis é a concretude, a materialidade da prática humana. A "atividade prática que se manifesta no trabalho humano, na criação artística ou na práxis revolucionária é uma atividade adequada a objetivos, cujo cumprimento exige [...] certa atividade cognoscitiva" (Sánchez Vázquez, 1977, p. 212). Na visão de Freire (1987, p. 38), a práxis "é reflexão e ação dos homens sobre o mundo para transformá-lo. Sem ela, é impossível a superação da contradição opressor-oprimido". Para este pensador, na perspectiva da práxis, no que tange aos processos de transformação social, essas relações não devem ser explicadas, mas dialogadas, de modo a compor ações e, assim, ser possível refletirmos com e sobre elas.

As concepções desses autores estão presentes nas reflexões sobre o trabalho com animação em sala de aula realizado por Maria de Fátima, Raquel e Rebeka, permeando as atividades educativas realizadas em colaboração com os alunos e suas parceiras, desenvolvendo uma ação que se reflete em todos os processos da sala de aula. Por exemplo, isso pôde ser visto quando observamos a preocupação de Maria de Fátima em oportunizar o conhecimento sobre os brinquedos ópticos mecânicos aos alunos quando estes se depararam com esses objetos no seu processo de pesquisa sobre a história e as técnicas de animação. A docente sublinhou que não conhecia nem teve contato com aquele tipo de brinquedo, mas, em conversa com esta pesquisadora sobre a experiência desta com os instrumentos mencionados, a docente reorganizou a proposta para que os alunos tivessem contato e entendessem a importância dos brinquedos ópticos na história da animação.

Fato semelhante ocorreu com Raquel, que sabia da relevância de possibilitar aos alunos o conhecimento sobre tais instrumentos, mas, sem os materiais, solicitou à pesquisadora que lhe emprestasse esses objetos —

como já havíamos trabalhado com a temática Animação em outras situações, a professora sabia que a pesquisadora poderia tê-los. Rebeka, por sua vez, redirecionou a proposta de animação dentro de suas possibilidades, optando por utilizar as exibições de brinquedos encontradas no YouTube, incentivando os alunos a buscar novos exemplos[69].

Assim, entendemos que o conceito de práxis permeia todo o trabalho das docentes, guiadas pelo objetivo de estabelecer uma educação na qual o aluno fosse protagonista no desenvolvimento das atividades cotidianas da sala de aula, como na apropriação da leitura, da escrita e de operações matemáticas[70], elementos visuais do desenho e concepções de pré-cinema[71] e elementos de computação, internet e produção de materiais[72].

Permitindo protagonismo ao estudante, o professor desloca-se da posição de detentor do saber, mesmo sendo responsável pelo processo de ensino-aprendizagem. Por esse motivo, compreendemos, assim como Freire (1987, p. 52), que, na ausência da práxis, "é impossível a superação da contradição opressor-oprimido".

O período de observação nas salas de aula das três professoras e suas respectivas parceiras permitiu notar que o uso da animação promove um trabalho docente com processos e ações diferenciados, os quais se distanciam da perspectiva tradicional, a saber: o uso da animação valendo-se da pesquisa, da memória e da pergunta, nos trabalhos realizados, respectivamente por Maria de Fátima, Raquel e Rebeka e seus alunos.

No primeiro método, a pesquisa é a fonte principal para a construção da animação; primeiro, a pesquisa sobre a própria linguagem; depois, sobre temas de interesse a serem trabalhados por seu intermédio. De início, a professora de Informática Educacional, Maria de Fátima, e a regente de sala, Cristiane, levam os alunos a explorar os recursos da linguagem, o que incluiu a exibição de softwares digitais, que os alunos experimentam em um período de imersão. Essa experimentação suscita maior curiosidade, levando-os a pesquisas na internet, que ampliam o conhecimento sobre a animação (Figura 2). Após a pesquisa sobre a animação em si, as docentes apresentam a proposta, e, em seguida, os alunos, divididos em grupos, fazem nova pesquisa, desta vez para identificar os temas.

---

[69] Informações retiradas do diário de campo da pesquisadora (2018).

[70] Raquel, 2018, entrevista individual.

[71] Rebeka, 2018, entrevista individual.

[72] Maria de Fátima, 2018, entrevista individual.

Figura 2 – Professora Fátima e alunos explorando a temática Animação com base em pesquisa

Fonte: registro da pesquisadora (2018)

A proposta de ensino que toma o processo de pesquisa sobre animação como ponto de partida deu subsídios para que os alunos avaliassem a possibilidade de concretizar determinada ideia que tiveram sobre o tema. A pesquisa possibilitou-lhes visualizar vestimentas, cenários, significados, ajustar o roteiro, mudar a abordagem, escolher outros materiais. Foi o que ocorreu com a equipe que escolheu fazer a animação sobre estrelas, que fez alterações no ângulo de filmagem, e com os grupos que estavam trabalhando com as temáticas Ninjas, Ficção Científica e Heróis, que ajustaram o roteiro.

O grupo que havia escolhido trabalhar com a temática Estrela percebeu que a história a ser contada, os materiais selecionados e a forma como pretendiam fazer a modelagem não seriam possíveis no intervalo de tempo disponível, caso não alterassem o ângulo de filmagem. A princípio o ângulo seria frontal, mas a câmera em posição aérea permitiria que os personagens ficassem deitados sobre o papel, não sendo necessário o uso de esqueletos.

Os grupos que estavam explorando as temáticas Ninjas[73] e Ficção Científica[74] (que vieram a se tornar, respectivamente, *The Heroes* e *Biblioteca Fantástica*[75], concluíram que, para uma animação (no caso, um curta animado), e com o tempo de que dispunham para a execução, a história contada não poderia conter tantos detalhamentos. Logo, é importante lembrar que

> A produção do objeto ideal é inseparável da produção do objeto real, material e ambas nada mais são do que o anverso e o reverso de uma mesma moeda, ou são os dois lados de um mesmo processo. A forma que o sujeito quer imprimir à matéria existe como forma geratriz na consciência, mas a forma que se plasma definitivamente na matéria não é a mesma – nem uma duplicação – da que pré-existia originalmente. É certo que o resultado definitivo estava pré-figurado idealmente, mas o definitivo é exatamente o resultado real, e não o ideal (Sánchez Vázquez, 1977, p. 249).

Esses fatores tornam a composição da animação um processo que exige constante análise para viabilizar a produção artística e de conhecimento. Vemos, pois, que a pesquisa como ponto de partida é uma forma de promover a autonomia do estudante na criação da animação.

O processo de criação de *Estrela Cadente*[76] exemplifica esse método de trabalho. Nessa animação, uma estrela percorre o sistema solar. De início, as estudantes que a criaram pesquisaram sobre o sistema solar, sobre estrelas, seus tamanhos, coloração e proporções. Fizeram anotações e questionaram a possibilidade de construção do cenário para a gravação, tendo em vista os materiais adquiridos. Com as mediações pedagógicas da professora Cristiane com base nas concepções de Geografia e Matemática, as estudantes calcularam a proporção dos planetas para, assim, comporem a cena. O trabalho docente contribuiu para a ampliação e aquisição dos conhecimentos das disciplinas mencionadas de forma lúdica.

Freire (2018) postula a importância de o educador reforçar ao estudante sua capacidade crítica, sua curiosidade e sua rigorosidade metódica para, com isso, fechar as brechas para o ensino bancário, o qual deforma

---

[73] O primeiro roteiro contava a história de uma escola de ninjas. Cada componente da equipe era representado por um personagem. A equipe lutava com muitos outros grupos, passando por diversos desafios até conquistar a espada.

[74] O roteiro inicial abordava as aventuras de um grupo de alunos que caía dentro de um livro e tinha que enfrentar monstros para voltar para a biblioteca. Eles vivenciavam diversas aventuras dentro do ambiente escolar.

[75] A primeira proposta relatava o dia a dia de cada herói, representado pelos integrantes do grupo. Além disso, cada um, com seus poderes, enfrentaria batalhas individuais, até que todos se unissem em uma luta compartilhada.

[76] Produção de Ana Clara Bragança de Souza, Gabriela Ferreira Nascimento, Kamilla Vitória dos Santos e Sarah Rocha Fernandes, em 2018, estudantes do 5º ano B na Escola Experimental de Vitória – UFES.

a criatividade. A persistência deve ser constante para os docentes que escolhem investir contra essas brechas, até porque elas são construções de longa data. Por isso, na maior parte das vezes, o aluno não compreende a importância do processo de pesquisa, e o professor, em função disso, pode também entender que o tempo de pesquisa pode ser abreviado.

Quando solicitamos que as docentes analisassem os métodos que utilizaram com os estudantes, a professora Maria de Fátima, em entrevista individual em 2018, entendeu que teria facilitado o trabalho, se tivesse *"deixado mais clara a proposta"*, pois

> *[...] demoramos muito a entrar na produção. Criança aprende fazendo, colocando a mão na massa. A pesquisa é importante, mas demoramos muito com os registros, as anotações deles. Hoje eu vejo que poderíamos ter pesquisado a partir dos filmes. Os alunos vendo e comentando sobre como foram feitos. O problema é que nos exigem [falando sobre a burocracia da escola] tanto o registro [sobre os projetos desenvolvidos] que, mesmo trabalhando de forma lúdica, não conseguimos sair do tradicional.*

Para Maria de Fátima, não é uma questão de invalidar a importância da pesquisa, mas, no caso do projeto que realizou com os alunos, foi usado o dobro do tempo previsto: em vez de três aulas, foram usadas seis antes do início da produção de cenários, personagens e captura de imagens. Para a docente, esse atraso poderia ter sido evitado, caso tivessem sido dados exemplos dos meios pelos quais esse tipo de filme podia ser realizado. Todavia, esse tempo mais longo promoveu um ganho: a cumplicidade da turma — os estudantes sentiam-se pares, parceiros, companheiros, e não adversários —, e, ainda, o exercício da curiosidade, do movimento de pesquisa com autonomia.

O argumento de Maria de Fátima de que *"criança aprende fazendo"* é uma concepção da Escola Nova. Outra característica nesse movimento é a proposição da pesquisa como método, tal como fez a mesma docente. Saviani (2012, p. 47) questiona a compreensão e o uso da pesquisa na educação tradicional e escolanovista, alertando-nos para o fato de que

> [...] se a pesquisa é incursão no desconhecido, e por isso ela não pode estar atrelada a esquemas rigidamente lógicos e preconcebidos, também é verdade que [...] o desconhecido só se define por confronto com o conhecido, isto é, se não se domina o já conhecido, a fim de incorporá-lo, mediante a pesquisa, ao domínio do já conhecido.

MEDIAÇÕES DO CINEMA DE ANIMAÇÃO NO TRABALHO DOCENTE

Outro aspecto pontuado por Maria de Fátima são os aspectos de excessiva sistematização que permeiam a educação. A docente cita os registros referentes a planos semanais e mensais, escrita de projetos, relatórios de alunos e processos avaliativos. Menciona, ainda, que: *"são tantos papéis para preencher que nos falta tempo no planejamento para algo novo, diferente".* Relato no mesmo sentido foi feito por Raquel, cuja visão é de que *"nem tudo que preenchemos vai ser lido por alguém. A gente perde muito tempo com isso"*[77]. Embora a sistematização faça parte do processo educacional, precisamos refletir sobre como evitar que ela ocorra em demasia, de modo que seja possível nos concentrarmos em uma educação pautada no protagonismo dos estudantes e na autonomia destes e do docente.

Pautada no entendimento de uma educação para a autonomia e no sentimento de pertença por parte dos alunos, a mediação da equipe auxiliava os estudantes conforme suas necessidades. Embora seja um processo de pesquisa e de apropriação de seus resultados, notamos que o grupo que trabalharia a temática "ficção científica" com base na animação ainda não havia compreendido o real significado dessa expressão. Observando isso, a bibliotecária Michele questionou os estudantes: *"Vocês pesquisaram sobre ficção científica? O que descobriram? É que ouvi vocês falarem de magia... E magia não é ficção científica..."*[78].

A bibliotecária, então, sentou-se com os alunos, abordou o significado da expressão e apresentou exemplos. Todavia, o entendimento pautado em aspectos da magia, da mágica, do encanto parecia tão consolidado que a discussão era levada na direção do significado que os discentes já haviam formulado. Em nenhum momento a bibliotecária sugeriu a desistência do trabalho com o assunto. Entretanto, a falta de compreensão sobre o tema mais a mediação da docente levaram os alunos a deliberar pelo trabalho com um tema alternativo, o qual pode ser compreendido como "síntese de múltiplas interpretações" (Ciavatta, 2002, p. 72) do trabalho com animação.

> As mediações não são apenas meios, como frequentemente o termo é usado na linguagem comum e também nos discursos acadêmicos. Os meios são instrumentos, são elos, pontos de ligação. Vistos sob o conceito de mediação, os objetos revelam-se como processos sociais complexos, com significados diversos, dependendo de sujeitos atuantes e da dinâmica dos fenômenos envolvidos. É no campo da particularidade que se

---

[77] Diário de campo da pesquisadora, 2018.

[78] Observação, 2018.

> situam as mediações. É o campo da história, do conhecimento dos objetos em determinado tempo e lugar, como produções humanas. [...] A categoria mediação permite trabalhar com a singularidade empírica, com o local, com o tempo breve dos acontecimentos, não como objetos individuais, isolados, mas em sua articulação com o contexto, com a cultura, com o mundo do qual fazem parte (Ciavatta, 2014, p. 227-228).

Nesse sentido, ainda que a ficção científica esteja presente em filmes exibidos em salas comerciais, a exploração ainda inicial sobre fenômenos da ciência com alunos dos anos iniciais pode ter dificultado a compreensão de como ela pode se tornar ficção. Nem tão distantes da fase em que ouviam adultos contando histórias e na qual eles mesmos criavam "amigos imaginários", os estudantes do quinto ano mais associaram a expressão a aspectos imaginativos. Todavia, respeitando-se as particularidades de cada faixa etária e de cada aluno, é preciso levarmos em conta que o papel do processo de ensino é levar o aluno do senso comum ao pensamento filosófico e científico, pois:

> A construção ou a produção do conhecimento do objeto implica o exercício da curiosidade, sua capacidade crítica de "tomar distância" do objeto, de observá-lo, de delimitá-lo, de cindi-lo, de "cercar" o objeto ou fazer sua aproximação metódica, sua capacidade de comparar, de perguntar (Freire, 2018, p. 83).

Inicialmente, a proposta metodológica do trabalho com animação posta em prática por Maria de Fátima, Cristiane e seus alunos estava embasada apenas no conhecimento por meio do processo de pesquisa. No entanto, como a imaginação nessa faixa etária se mostra mais fértil, alguns grupos fizeram o movimento de inseri-la nas produções.

> [...] a imaginação é uma condição totalmente necessária para quase toda atividade mental humana. Quando lemos o jornal e nos informamos sobre milhares de acontecimentos que não testemunhamos diretamente, quando uma criança estuda geografia ou história, quando, por meio de uma carta, tomamos conhecimento do que está acontecendo a uma outra pessoa, em todos esses casos a nossa imaginação serve à nossa experiência (Vigotski, 2009b, p. 25).

No diálogo, as docentes tentavam levar os alunos a voltar às informações sobre o tema, mas notaram que não poderiam escapar à presença de elementos imaginários nas produções, até porque a imaginação é condição para a criação. Dentro da animação, o que provém do conhecimento sistematizado e o que provém da imaginação, tudo é possível. Além disso, ampliar o repertório sobre uma temática também não se faz de uma hora para outra.

Um segundo método de trabalho com animação foi observado nas aulas da professora Raquel e perpassa as questões da memória. A professora relatou que a atividade de leitura era um hábito no ano letivo anterior (2017), quando ela começou a trabalhar com a turma. Com o livro *Extraordinário* — o qual conta a história de superação de um menino que teve deformidades no rosto em função de uma doença rara e por isso era alvo de *bullying*, preconceito e discriminação —, o intuito foi promover nos alunos, então no quarto ano, a reflexão sobre o cotidiano, o preconceito, a autoestima e o respeito. Para auxiliar a compreensão desses aspectos, a docente convidava pessoas com algum tipo de deficiência para conversar com a turma. Nos bate-papos, os alunos visibilizavam não apenas as dificuldades, mas, também, as superações vivenciadas pelos convidados.

Conforme observamos, em 2018 os alunos, já no quinto ano, foram incentivados a relembrar essa série de conversas e ressignificá-las por meio da animação. Nesse trabalho, eles se inspiraram no livro *A mala de Hanna*, que conta a história de uma menina que viveu em meio aos conflitos da Segunda Guerra Mundial. Com base nas memórias e novas vivências com a leitura, os alunos foram incentivados a falar *"do que carregavam em suas malas"*, o que, para a docente, promoveu *"autoestima, cordialidade e zelo na turma"*[79]. Valendo-se de uma analogia de suas próprias histórias com o livro, eles foram incentivados a criar uma animação.

Em 2018, tanto a Escola Experimental de Vitória – UFES quanto a EMEF Adilson da Silva Castro passaram por período de greve, o que estendeu o tempo dos projetos. Nesse contexto, a memória teve papel fundante para o desenvolvimento das animações, não apenas por resgatar as conversas mantidas no ano anterior, mas para retomar os debates e as leituras realizados pela turma antes da paralisação.

> Em nosso consciente destaca-se o papel desempenhado pela memória. Ao homem, torna-se possível interligar o ontem ao amanhã. Ao contrário dos animais, mesmo os mais próximos na escala evolutiva, o homem pode atravessar o presente, pode compreender o instante atual como extensão mais recente de um passado, que ao tocar no futuro novamente recua e já

---

[79] Raquel, 2018, entrevista individual.

> se torna passado. Dessa sequência viva ele pode reter certas passagens e pode guardá-las, numa ampla disponibilidade, para algum futuro ignorado e imprevisível. Podendo conceber um desenvolvimento e, ainda, um rumo no fluir do tempo, o homem se torna apto a reformular as intenções do seu fazer e adotar certos critérios para futuros comportamentos. Recolhe de experiências anteriores a lembrança de resultados obtidos, que o orientará em possíveis ações solicitadas no dia-a-dia da vida. As intenções se estruturam junto com a memória. São importantes para o criar. Nem sempre serão conscientes nem, necessariamente, precisam equacionar-se com objetivos imediatos. Fazem-se conhecer, no curso das ações, como uma espécie de guia, aceitando ou rejeitando certas opções e suges-tões contidas no ambiente. Às vezes, descobrimos as nossas intenções só depois de realizada a ação (Ostrower, 1987, p. 18).

A memória, na perspectiva da autora, abre caminhos de trabalho e ações que realizaremos. A princípio, o projeto proposto por Raquel seria iniciado em outubro, com término previsto para dezembro. Contudo, em decorrência da greve, a professora fez os debates e conversas dentro de suas possibilidades pedagógicas, mas foi somente em dezembro que conseguiu elaborar o roteiro e gravar a animação.

Com base nas memórias, um texto coletivo foi criado pela turma para servir de roteiro à animação. O texto justificava não só a produção das animações, compondo aspectos relacionados à disciplina Língua Por-tuguesa. Em paralelo com essa atividade, a professora Raquel criou tarefas que faziam alusão aos conceitos de animação, suas técnicas e processo de construção, sobretudo como uma resposta às desconfianças que persistem em relação ao trabalho com a animação em sala de aula:

> [...] preciso justificar o meu plano. Não posso trabalhar com ani-mação em sala, se ela não estiver associada a algum ponto do currículo. Eu sei a potencialidade que a animação tem. [...] Mas as atividades do caderno precisam estar lá, registradas [...]. Eu criei vários problemas de matemática com base na animação, nos gêneros textuais, coloquei o roteiro. Em História, trabalhamos o contexto da temática da animação. Isso para poder ter com eles um momento de prática e de produção com amparo pedagógico.[80]

Notamos que, na imagem a seguir, no centro do quadro, estão pro-blemas de Matemática, enquanto nas laterais estão as escritas do roteiro da animação (Figura 3).

---

[80] Raquel, 2018, diário de campo da pesquisadora.

Figura 3 – Professora Raquel discorrendo sobre a atividades de animação conectadas ao currículo

Fonte: registro da autora (2018)

Além disso, para justificar as duas tardes em que gravou a animação, por solicitação da equipe pedagógica, a docente precisou apresentar um plano de ação no qual mostrava como a animação tangenciava os conteúdos curriculares. Essa exigência se fundamenta no fato de que, embora a linguagem de animação seja, muitas vezes, exclusivamente associada a crianças, há exibições inapropriadas para elas, por exemplo, por se associarem ao terror, ao erotismo ou ao drama. Há, ainda, a classificação, que pode ser livre ou adequada apenas para maiores de 12, 14 ou 18 anos. Além do cuidado com esses aspectos, no ambiente escolar, a escolha de uma animação para ser exibida aos alunos deve ser feita com cautela. Por isso, conteúdo, roteiro, história e argumento devem ter relação com as ações desenvolvidas nos planos de aula de curso ou projetos.

O terceiro método de trabalho docente com animação foi identificado na observação na sala de aula da professora Rebeka e consiste na pergunta como forma de incentivar a construção do conhecimento. Ao longo de todo o processo, a docente dirigiu aos estudantes questionamentos entrelaçados a exemplos, ampliando a participação dos estudantes e valorizando saberes prévios.

Nessa dinâmica, Rebeka iniciou sua aula apresentando *As Curvas de Niemeyer*[81], no intuito de que os estudantes observassem elementos da produção de um filme de animação para que pudessem aplicá-los em seus próprios filmes, indagou-lhes ao término da exibição: "*O que vocês viram aqui é uma animação. Vocês sabem como ela foi feita? Repararam nos materiais que os animadores usaram? O que percebem de diferença no decorrer da animação?*"[82].

A dinâmica usada pela professora Rebeka reduziu nos alunos o receio de dar respostas "erradas", pois estas também foram usadas para gerar reflexão sobre o fazer animação e, por consequência, mais conhecimento sobre a linguagem. A pergunta, portanto, foi um diferencial na aula dessa docente. Os estudantes foram respondendo às indagações com base em suas vivências. Uns relataram que já haviam visto como se fazia uma animação em um programa de televisão, enquanto outros não souberam opinar. Quanto aos materiais, responderam que poderia ser por meio do desenho — visto que parte do filme exibido continha animação em 2D — ou com massa de modelar. As respostas foram complementadas pela docente, e os alunos também fizeram outras perguntas sobre a técnica de animação.

Freire (2018, p. 83) argumenta que

> Estimular a pergunta, a reflexão crítica sobre a própria pergunta, o que se pretende com esta ou com aquela pergunta em lugar da passividade em face das explicações discursivas do professor, espécie de respostas a perguntas que não foram feitas [...] não significa realmente que devamos reduzir a atividade docente em nome da defesa da curiosidade necessária, o puro vai-e-vem de perguntas e respostas, que burocraticamente se esterilizam. A dialogicidade não nega a validade de momentos explicativos, narrativos, em que o professor expõe ou fala do objeto. O fundamental é que o professor e alunos saibam que a postura deles, professor e alunos, é dialógica, aberta, curiosa, indagadora e não apassivada, enquanto fala ou enquanto ouve. O que importa é que professor e alunos se assumam epistemologicamente curiosos.

---

[81] Ver: AS CURVAS de Niemeyer. Direção: alunos da rede municipal de Vitória. Vitória: Instituto Marlin Azul. 2010. 1 Vídeo HD (11 min). Pode ser visto no link https://www.youtube.com/watch?v=tuvWIYGB5lg. Acesso em: 20 jan. 2023.

[82] Rebeka, 2018, observação em sala de aula.

As três formas de trabalho docente, com animação, destacadas aqui — relembrando, pesquisa, memória e pergunta — trazem, portanto, elementos importantes para a promover a construção do conhecimento, a preocupação com o sentimento de pertença, a valorização curricular e as experiências de mundo, o incentivo ao trabalho em equipe e o respeito ao outro. Alguns desses elementos não compõem o currículo escolar, mas ampliam-se conforme a utilização de recursos tecnológicos, de temas compatíveis com a faixa etária e contribuem para que a escola agregue aquilo que não faz parte de seu ambiente, mas que, uma vez alvo de reflexão, atribuição de significado ou de ressignificação, exerce influência profunda no processo educativo. Todavia, entendemos que não são os recursos, mas as mediações das docentes que fazem com que as atividades realizadas em sala de aula tenham significado efetivo sobre o aprendizado.

Outro aspecto relevante é que a atividade de animação no trabalho docente precisa resultar em um produto — animação, brinquedo óptico, entre outros —, o qual também deve ficar evidente no processo metodológico. Tal produto evidencia para a comunidade escolar e para a família o que foi ensinado por meio da animação, justifica o tempo de aula utilizado, o uso de aparelhos tecnológicos em sala e, ainda, a capacidade de estudantes e docentes executarem a tarefa proposta.

Retomando o diálogo com Freire (2017b, 2018) e Marx (2009, 2010), compreendemos os filmes animados criados por docentes e discentes nas escolas como produto do trabalho humano. Entretanto, por parte daqueles que não estão participando diretamente do desenvolvimento da proposta, ele costuma ser visto apenas como uma ação "mercadológica" voltada aos órgãos oficiais, a quem essas produções podem ser posteriormente enviadas. Todavia, trata-se, antes disso, de um processo de formação humana, quando permite refletir sobre elementos relacionados aos valores humanos, possibilidades de produção de sentido e criação.

Há, ainda, outro ponto a se destacar. A produção de animações com o uso de recursos digitais como celulares e computadores, massas de modelar, desenhos e recortes pode contribuir para a formação de plateia e de um olhar mais crítico sobre as imagens em movimento e as produções visuais. Contudo, tal compreensão só é vislumbrada conforme o resultado do trabalho, o filme de animação. Antes disso, a falta de conhecimento sobre os procedimentos de criação por parte de pessoas não envolvidas no trabalho é vista apenas como brincadeira, ócio e até mesmo ausência de controle docente. Nesta ótica, o uso da animação na educação ocorreria apenas em função do entretenimento, como denotam os comentários destacados a seguir, que provêm tanto de colegas professores quanto dos responsáveis pelos alunos).

> *Nunca imaginei que dava para fazer desenho animado na escola!*[83]
>
> *Desenho animado é para criança [...] escola é para estudar!*[84]
>
> *Lá vai a Raquel brincar de dar aula!*[85]
>
> *Os alunos fizeram alguma coisa hoje? Eles estavam agitados, né?*[86]
>
> *Meu filho chegava em casa falando dessa animação [...], que tinha passado um tempão da aula fazendo [...]. Eu perguntava se ele tinha feito dever naquele dia. Ele dizia que não. Eu reclamei com a professora. Ela me explicou, mas eu achei que ela estava enrolando. Até falei com você [...]. E agora, vendo o que ele fez, estou admirado! Fiquei curioso para saber como ele fez isso.*[87]

Essa visão constantemente reaparece nas narrativas das professoras colaboradoras desta pesquisa e suas parceiras, que, mesmo sabendo que o aprendizado ocorre com base na mediação dessa linguagem, precisam, com frequência, evidenciar que a animação pode ser contemplada no currículo. Já destacamos o esforço da professora Raquel para elaborar atividades de matemática relacionadas à animação (ver Figura **3**), mas também (conforme o diário de campo de 2018 da pesquisadora) Cristiane, parceira da professora Maria de Fátima no projeto de animação, reclama da visão reducionista sobre essa linguagem:

> *Não posso liberá-los [referindo-se aos alunos] da sala de aula com frequência, porque as pessoas que não participam da proposta não entendem, e acham que não estou dando aula [...]. Um responsável de um aluno veio me questionar por que a quantidade de tarefas para casa tinha diminuído. Expliquei a ele do projeto, e ele me indagou se ia demorar muito, porque estavam perdendo muita matéria [...].*

Os relatos destacam que uma das funções da animação é o entretenimento. Com a ampliação de estúdios na década de 1960, como vimos no capítulo 4, essa linguagem se popularizou, saindo das telas de cinema para as mídias abertas, estando presente tanto em desenhos animados voltados

---

[83] Professor A, 2018, diário de campo da pesquisadora.

[84] Professor B, 2018, diário de campo da pesquisadora.

[85] Professor C, 2018, diário de campo da pesquisadora.

[86] Professor D, 2018, diário de campo da pesquisadora.

[87] Conversa entre um pai de aluno e a pedagoga Amanda, 2018, diário de campo da pesquisadora.

para o público infantil como em propagandas. Entendemos a animação no viés do entretenimento, até porque foi nele que ela se popularizou. Contudo, ao inserirmos essa linguagem em ambiente escolar, ela precisa se vincular a outros contextos, como as formas de pensar e agir, além dos processos de conhecimento. Trata-se de uma integração nada fácil, dadas as muitas atribuições dos docentes, e o tempo e o estudo exigidos pela animação, que requer atenção em suas concepções técnicas e em uma perspectiva criadora. Apesar disso, as experiências das docentes envolvidas mostram que é possível.

A cena retratada na fotografia a seguir ajuda-nos a compreender quanto os professores se esforçam para garantir o trabalho com as abordagens curriculares por meio da realização de atividades diferenciadas, como as que envolvem animação. Essa integração dos aspectos curriculares com as questões tecnológicas ocorre, assim, para fazer frente aos comentários destacados.

Figura 4 – Professora Cristiane às voltas com a correção de tarefas enquanto os alunos usam equipamentos tecnológicos

Fonte: acervo da pesquisadora (2018)

Ao fundo, a professora Cristiane corrige os cadernos de atividades dos estudantes, organizados como tentativa de dar resposta aos pais que questionam a ausência de tarefas em dias em que docente e discentes trabalham no projeto de animação. O tempo de planejamento da docente não é suficiente para que ela faça essa correção; logo, precisa realizá-la em sala de aula, quando os estudantes estão executando atividades do dia a dia escolar, ao término das quais passam a se ocupar das tarefas relevantes para o filme que estão produzindo. É um tempo que, apesar de dividido com as atividades comuns, ampliou o acompanhamento dos alunos, elevando o nível das orientações. Em primeiro plano, para otimizar ainda mais o tempo, os estudantes que haviam finalizado as atividades do dia foram convidados a adiantar suas animações.

Mesmo reconhecendo que a linguagem amplia o conhecimento das crianças, Cristiane relata seu receio com a proposta de animação, justamente em decorrência de cobranças, que partem de todos os lados. Para ela, as atividades ligadas ao ensino tradicional são mais bem-vistas por alguns profissionais, *"pois nelas há mais controle dos alunos, dos professores, dos conteúdos [...] [logo, para fazer frente a essa visão], o lúdico, o diferente precisam estar misturados a isso"*[88]. Freire (2017a, p. 83-84) reflete sobre a causa da defesa prática e fervorosa que diversos atores fazem da educação bancária:

> Na medida em que esta visão "bancária" anula o poder criador dos educandos ou o minimiza, estimulando sua ingenuidade, e não sua criticidade, satisfaz aos interesses dos opressores: para estes, o fundamental não é o desnudamento do mundo, a sua transformação. O seu "humanitarismo", e não humanismo, está em preservar a situação de que são beneficiários e que lhes possibilita a manutenção de sua falsa generosidade [...]. Por isto mesmo é que reagem, até instintivamente, contra qualquer tentativa de uma educação estimulante do pensar autêntico, que não se deixa emaranhar pelas visões parciais da realidade, buscando sempre os nexos que prendem um ponto a outro, ou um problema a outro.

Pensando pela perspectiva da universalização do ensino, o uso de métodos tradicionais permite atingir as massas muito mais rapidamente, pois é menos custoso aos cofres públicos, se comparado à construção do conhecimento que se vale de tecnologias e de uma educação com base nas particularidades dos alunos. É preciso, entretanto, salientar que a mera intro-

---

[88] Diário de campo da pesquisadora, 2018.

dução do lúdico ou do tecnológico em situações isoladas na educação não resolve os conflitos e os embates com o ensino tradicional. Se essa inserção não ocorrer de forma contextualizada, sem bases sólidas e profundas, não será possível alterar a lógica predominante na escola. São as mediações dos trabalhos com animação que possibilitam rupturas.

No contexto de olhares atravessados, fazer animação é um trabalho árduo e marcado pela ousadia, com o qual, na avaliação da professora Raquel, o relacionamento da turma melhora e os alunos *"aprendem muito [...] desde Matemática ao processo de escrita, questões históricas e de convivência"*.

Embora complexo, em função das inúmeras demandas a que o docente está sujeito e da própria dinâmica da linguagem, o trabalho com animação em sala de aula compõe vivências e memórias, aproximando-se de uma educação mais contextualizada e ampliando os processos imaginativos e criativos. Além de potencializar o aprendizado, o relacionamento e o envolvimento dos alunos, a produção de arte em animação traz resultados que extrapolam o espaço escolar, pois

> Outros territórios hão de se lhe incorporar ainda. Imensos e ilimitáveis. Acompanhamos a interpenetração da memória no poder imaginativo do homem e, simultaneamente, em linguagens simbólicas. A consciência se amplia para as mais complexas formas de inteligência associativa, empreendendo seus voos através de espaços em crescente desdobramento, pelos múltiplos e concomitantes passados-presentes-futuros que se mobilizam em cada uma de nossas vivências (Ostrower, 1987, p. 19).

Envolver os alunos com a animação colabora para o desenvolvimento de outros elementos nem sempre explícitos no currículo, como a cidadania, a visão humanista, a "liberdade de aprender, ensinar, pesquisar e divulgar a cultura, o pensamento, a arte e o saber; pluralismo de ideias e de concepções pedagógicas" (Brasil, 1996).

Entretanto, o ensino tradicional é socialmente tão consolidado que os próprios alunos, impregnados pela dinâmica bancária, desconfiam dos modos de trabalho mais próximos do seu cotidiano e de sua cultura, mas que não se baseiam na transmissão do conhecimento por aulas expositivas, como podemos notar na fala professora Rebeka[89]:

> *As atividades com flipbook envolvem o desenho, elementos da arte. É uma atividade [em] que não há registro no caderno. Passamos muitas aulas trabalhando nos desenhos realizados nos bloquinhos.*

---

[89] Rebeka, 2018, diário de campo da pesquisadora.

> *Quando vou avaliar, os alunos comentam que não dei nada e tenho que ficar falando que o* flipbook *foi uma tarefa [...]. Os alunos não acham que aprendem com os brinquedos ópticos, a animação, a brincadeira [...]. Para os pais, é como se eu não desse nada na sala.*

Ainda sobre o ensino tradicional-mecanicista, ressaltamos que a presença de alguns de seus elementos na sala de aula, como as filas, pelo menos de início, acaba por auxiliar o professor no cumprimento de suas atribuições, visto o enraizamento, na mente dos estudantes, de que a disciplina está associada ao posicionamento dos assentos. Conforme observamos, quando eles estavam no laboratório de informática, que é ordenado de outra forma, a movimentação e a conversa eram mais intensas. Mais para o fim do projeto, entretanto, eles mostraram entender que, mesmo em círculos, poderiam trabalhar sem que isso representasse indisciplina.

O trabalho com animação em sala é executado de diversas formas, que variam de acordo com a compreensão do docente sobre a temática, o tempo de realização, os conteúdos que serão abrangidos na proposta e os materiais de produção. Com base na técnica de imagens sequenciadas e aceleradas, cada professor elabora ações, a seu modo, dentro das suas perspectivas e possibilidades de atuação. O quadro a seguir mostra a extensão do tempo do trabalho com animação usado pelas três professoras cujas aulas foram observadas nesta pesquisa.

Quadro 3 – Organização temporal do trabalho docente com animação

| Prazo de execução | Nº de aulas (50 min) usadas na produção | Docente | Período de realização (2018) |
|---|---|---|---|
| Curto | 8 | Raquel Falk Toledo | Dezembro |
| Médio | 16 | Rebeka Carvalho Bringer Moreira da Silva | Outubro a dezembro |
| Longo | 32 | Maria de Fátima Carvalho | Março a dezembro |

Fonte: elaborado pela autora (2019)

Assim, o professor que se utiliza da animação o faz por prazos variáveis para sua execução, curto, médio e longo prazos. Antes de detalharmos essas três dinâmicas, é preciso ter em mente que, ao contrário de fazer animação no universo profissional, no qual a flexibilidade pode ser maior, na escola os limites impostos pelo calendário exigiram que as docentes descrevessem com mais detalhes os procedimentos técnicos para a filmagem e criação de roteiro. Apesar disso, todas elas extrapolaram o período planejado, em função de greves e falta de experiência dos alunos, por exemplo.

No que se refere às propostas de curto prazo, o docente, em pouco tempo, muitas vezes em caráter de oficinas, desenvolve projetos de maneira a fomentar uma produção com animação. Nesses casos, o que está em foco é o modo de fazer, a própria técnica, um conteúdo específico ou necessidade da comunidade escolar, com o intuito de apresentar um resultado.

A segunda situação envolve proposta de execução em médio prazo, na qual os conteúdos são inseridos e trabalhados para dar vida à produção; por exemplo, com a criação de roteiros, com a disciplina de Língua Portuguesa; modelagens, em Arte; contexto, em História, entre outros. Diferentemente da primeira situação, que pode durar um ou dois dias, o trabalho no médio prazo pode envolver aproximadamente um mês, pelo caráter multidisciplinar e pelas limitações cronológicas, as quais o tornam uma dinâmica complexa, pois o tempo de trabalho está condicionado a 50 ou 60 minutos, duração da aula. O filme toma forma aos poucos.

A terceira situação é a do trabalho com animação no longo prazo, usado com a técnica *stop motion* pelas professoras Maria de Fátima e Cristiane. Neste caso, é preciso estabelecer parceria com outros docentes e funcionários. Dá ao professor mais tempo para a abordagem da técnica de animação — por exemplo, explorando outros tipos de movimentos e softwares voltados à linguagem. Permite associação mais sistemática dos conteúdos curriculares ao trabalho com animação. A teoria exerce papel relevante na produção e possibilita o real entendimento da proposta do uso da animação na educação, pois estabelece diálogo com questões históricas, exibições e análises de vídeos, além de observações técnicas que auxiliarão na criação das animações.

Por outro lado, no trabalho no longo prazo, o professor fica tão limitado a cumprir o currículo e a explorar a técnica que, por vezes, o processo de criação autoral dos alunos fica prejudicado, dado o vínculo direto que precisa ser mantido com o currículo[90]. A depender da faixa etária, o processo pode ser cansativo para os estudantes. Eles vivem em uma cultura imediatista, produtivista, e ficam ansiosos por dar início ao processo criativo. Isso requer mais incentivo para que se mantenham entusiasmados. Além

---

[90] A animação integra o currículo de Arte, porém, nos demais componentes curriculares, os professores utilizam-se da pedagogia de projetos para inseri-la nas atividades.

disso, desde muito pequenos, estão em contato com recursos digitais que permitem visualizar, de imediato, os resultados de suas ações. Por fim, no longo prazo, não é possível ter um panorama das situações adversas que podem atropelar o percurso (avaliações externas, oportunidades de realizar visitas não previstas, greves etc.).

Notamos, portanto, que o fator tempo interfere profundamente no modo como cada docente produz a animação com os alunos. Se, para a professora Maria de Fátima, o que era para ser feito em um semestre se estendeu por um ano letivo, para Raquel, o trabalho que seria feito em um ano foi simplificado para ocorrer em duas tardes. Intérprete de Walter Benjamin, Löwy (2005, p. 123), porém, lembra que "os calendários não marcam o tempo do mesmo modo que os relógios", porque "O dia com o qual começa um novo calendário funciona como um acelerador histórico. No fundo, é o mesmo dia que retorna sempre sob a forma dos dias feriados, que são os dias da reminiscência".

Nessa lógica, os docentes envolvidos no trabalho com animação, apesar de terem o relógio como fator principal de contagem do tempo, tentam estabelecer essa contagem de modo qualitativo para construir uma proposta eficaz de promoção da aprendizagem. Por vezes, lidam com a necessidade de ir contra o relógio e valorizar apenas os aprendizados do processo, e não do produto criado, mas, como notamos nas narrativas das professoras, a dinâmica do sistema escolar direciona maior interesse ao produto, e não ao processo. Assim, o trabalho com animação em sala de aula, mesmo que adaptado ao pouco tempo do professor, torna-se uma alternativa para que o aluno tenha a oportunidade de conhecer essa linguagem. O tempo cronológico que regula o sistema educacional direciona as professoras a terem de dar mais atenção ao produto, e não ao processo, como vemos a seguir.

> *Eu gostaria de ter tido mais tempo para o trabalho de animação com eles. Mas os outros conteúdos não me permitem. Sei que eles absorvem os aprendizados muito mais com a animação do que ficar expondo as coisas do livro didático, mas me cobram uma culminância. Querem que mostre o que fiz, que faça exposição dos trabalhos...*[91]

> *Os próprios alunos não entendem essa abordagem como tempo de aula. Eles acham que não estudaram, que não aprenderam naquele dia. E eles aprendem muito. Aprendem coisas que vão além do currículo.*[92]

---

[91] Rebeka, 2019, conversa de devolutiva.

[92] Cristiane, 2018, diário de campo da pesquisadora.

> *Fomos acostumados a uma educação tradicional, que não nos permite fazer o diferente em sala de aula. Parece que, quando fazemos diferente, quando usamos formas diferentes para lecionar, [...]* não estamos fazendo o nosso trabalho, que estamos à toa. Mas não estamos! Dá muito trabalho usar formas diferentes para dar aula. E com a animação ainda é pior, porque usamos câmera fotográfica, celular, computador... Os colegas olham e fazem comentários do tipo: "Tá tranquilo hoje, né?!", como se não estivéssemos trabalhando, e, sim, enrolando. Só quando mostramos os trabalhos realizados na feira cultural ou em uma mostra que eles conseguem ter ideia do trabalho que fizemos em tão pouco tempo.[93]

O tempo cronológico e a cobrança pelos resultados são "cercas" que agem como limitadores do trabalho de docentes e discentes com a animação. A jornada permite a construção do conhecimento, cuja culminância em um produto é sua concretização, mas não é, em si, o momento mais importante. O tempo de relógio não é passível de ser manipulado, de modo que não podemos "gerenciar o tempo", como costuma sugerir o senso comum. Contudo, o calendário permite alternâncias e certa independência, pois aqueles que optam pelo trabalho com animação em sala de aula, apesar de serem regulados por um tempo sobre o qual não têm controle, podem atuar ajudando os alunos a usufruir a dimensão qualitativa do tempo, dos processos e das criações. Desse modo, assumem que calendários, conforme a visão benjaminiana apresentada por Löwy (2005, p. 124), "representam o contrário do tempo vazio, de um tempo histórico, heterogêneo, carregado de memória e atualidade".

É importante ressaltar que, independentemente de sua extensão, o tempo estabelecido pelos docentes para a realização da proposta com animação não desqualifica suas ações. O que é preciso ser levado em consideração são os tipos de atividades desenvolvidas, pois algumas necessitam de um tempo maior. Em função disso, a proposta desenvolvida pela professora Raquel priorizou a elaboração do filme de animação com base em objetos inanimados obtidos com os alunos na própria sala de aula. O tempo de edição ficou a cargo da docente e foi contado à parte dos dois dias letivos usados na execução da proposta. Porém, essa duração poderá ser considerada como de médio prazo, se contabilizados os tempos destinados à produção do texto coletivo, realizada com os alunos; às tarefas de Matemática, criadas para ampliar a compreensão da imagem em movimento; ao

---

[93] Raquel, 2019, conversa de devolutiva.

entendimento do conceito de animação, trabalhado com base nos fatores históricos relacionados à Segunda Guerra Mundial, abordados no livro que inspirou a criação da animação.

As atividades desenvolvidas pelas docentes foram distintas quanto aos aspectos da animação. Enquanto Raquel e Maria de Fátima optaram por elaborar uma animação valendo-se da criação de um vídeo, Rebeka produziu *flipbooks*, brinquedos ópticos que, ao serem manuseados, dão a ilusão do movimento.

Além de tempo, cada uma dessas formas de expressão animada se distingue pelos processos de criação diferentes e pelo uso de materiais específicos. Os vídeos animados produzidos por Raquel e Maria de Fátima foram feitos com métodos e técnicas diferenciadas. Enquanto Maria de Fátima criou animações com a técnica 2D, massa de modelar e recorte, Raquel fez uso da técnica *pixilation*. Ambas apresentam resultado satisfatório no que diz respeito à técnica e à criação, pois os alunos conseguiram gerar o movimento e, com a mediação humana e de objetos, compreenderam a linguagem.

As docentes oportunizaram o processo criativo dentro das possibilidades oferecidas em seus espaços. Foram ousadas, assumindo riscos por suas práticas, ficando expostas a julgamento de colegas e famílias, a desconfianças de que não estavam trabalhando, mas apenas entretendo os alunos. Todavia, prosseguiram por, tal como Freire (2018, p. 68, grifos próprios), acreditar que

> Mulheres e homens, somos os únicos seres que, social e historicamente, nos tornamos capazes de **apreender**. Por isso, somos os únicos em quem **aprender** é uma aventura criadora, algo, por isso mesmo, muito mais rico do que meramente repetir a **lição dada**. Aprender para nós é **construir**, reconstruir, **constatar para mudar**, o que não se faz sem abertura ao risco e à aventura do espírito.

A elaboração das ações com animação é utilizada em sala de aula com base em alguns processos, tais como: a averiguação de condições mínimas para a execução da proposta; as parcerias possíveis (auxílio disponível dentro e fora do ambiente escolar, de forma direta ou indireta); a apresentação de um resultado concreto (exibição da produção).

O processo de averiguação de condições consiste em verificar como o trabalho com animação será executado, respeitando-se as especificidades de cada turma e de cada docente, além do conteúdo a ser abordado por meio dessa linguagem e de questões técnicas e estruturais da escola. Nesse sentido, para a execução de suas propostas, as professoras precisaram checar a disponibilidade de computador, câmera, celular, softwares que seriam usados na animação e pessoas que soubessem utilizá-los.

Levando em conta o fator tempo e seus conhecimentos sobre desenho, Rebeka optou por ensinar animação valendo-se de um brinquedo óptico. Em sua sala de aula, a apresentação da atividade de criação de *flipbooks* só ocorreu posteriormente à exibição e ao debate sobre a animação *As Curvas de Niemeyer*. Os alunos já haviam explorado o conteúdo curricular envolvido na proposta, mas o incentivo visual da animação estimulou-os ao trabalho com a animação. Contudo, a docente dialogou com os estudantes a respeito do tempo pelo qual essa tarefa se estenderia, visto que estaria com eles em apenas uma aula na semana. Além disso, esse tempo também seria usado para finalizar propostas que já estavam sendo desenvolvidas pela escola. Diante disso, sua escolha foi por trabalhar apenas com o *flipbook*.

A realização da atividade de animação com o uso do brinquedo óptico *flipbook*, mesmo estando no planejamento da docente, exigiu grande esforço, pois os estudantes que não possuíam domínio do desenho se sentiram inseguros para realizá-lo. Com o propósito de sanar essa insegurança, a professora exibiu um segundo vídeo, no qual mostrava exemplos de *flipbooks* feitos com *stick figure* ou *stick man*, que são figuras humanas estilizadas, criadas de forma linear, o que é popularmente conhecido como "boneco-palito".

Figura 5 – *Flipbook* com boneco-palito

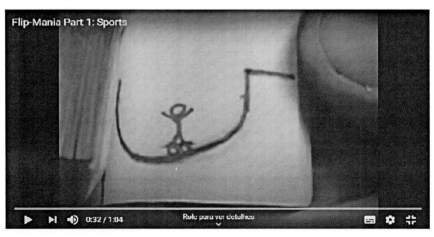

Fonte: *Flip-Mania* (2008)

Ao visualizarem os *flipbooks* criados com *stick figure* e considerando as alternativas de desenho dadas pela professora, os alunos sentiram-se motivados a, individualmente, criar suas histórias em livrinhos animados.

Figura 6 – Processo de criação do *flipbook* dos alunos da professora Rebeka

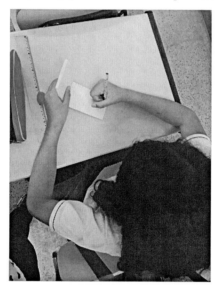

Fonte: registro da pesquisadora (2018)

Figura 7 – Professora Rebeka em aula sobre animação

Fonte: registro da pesquisadora (2018)

Para a execução da tarefa, com base nas observações obtidas no decorrer da disciplina de Arte, a professora Rebeka ponderou as necessidades de cada aluno quanto a tempo, habilidades de desenho, pintura, coordenação motora, entre outros aspectos. A conclusão da proposta foi possível pela parceria estabelecida com Mariana, regente na mesma turma na EMEF Santa Isabel, em cujas aulas os estudantes tiveram a oportunidade de continuar suas produções. Essa parceria foi fundamental para o êxito do projeto, pois o tempo da aula de Arte não seria suficiente para a execução dos *flipbooks*.

Figura 8 – *Flipbook* com *stick figure* criado pelos alunos da professora Rebeka

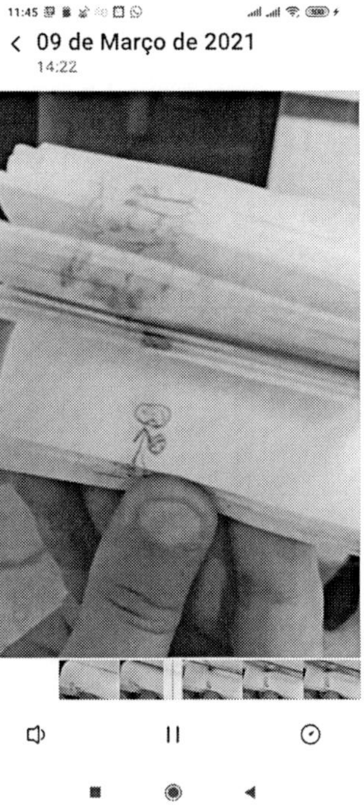

Fonte: registro da autora (2018)

**O conteúdo abordado por Rebeka constava do livro didático da disciplina de Arte.**

A Figura 9 mostra as primeiras páginas do capítulo sobre a temática imagem em movimento. Notamos que há uma introdução ao movimento sob as concepções de pré-cinema, as relações com outros tipos de movimento, a produção dos brinquedos ópticos mecânicos.

Figura 9 – Abordagem superficial sobre animação no livro didático de Arte

Fonte: Pougy (2014, p. 106-107)

Diferentemente de outros materiais didáticos de Arte — em especial no ensino médio, o tratamento dado ao tema animação costuma ser tão superficial que se pode trabalhá-lo em uma aula, apenas para cumprir o cronograma curricular —, o livro usado pela professora Rebeka descreve o audiovisual, a animação e suas interfaces com mais detalhes. O capítulo inicia-se na página 106 e termina na 139, enquanto em outros livros, em média, são usadas quatro páginas para a abordar o assunto.

Apesar disso, a publicação mencionada discute sobre animação quando faz referência ao cinema. Como frisamos anteriormente, trata-se de um equívoco tanto contextual quanto conceitual, visto que a animação precede o cinema. Logo, é uma linguagem independente. Ambos, animação e cinema, aproximam-se, mas com conceitos e normativas completamente distintas; referem-se à imagem em movimento, no entanto, a animação constitui-se em um movimento criado, e não natural/real, como o cinema. A animação acontece no quadro a quadro; enquanto o cinema, no movimento vivido. Contudo, estando o cinema consolidado como arte e forma de linguagem, ao passo que a animação está estabelecendo seus caminhos, aquele é a porta de entrada para a inserção desta

MEDIAÇÕES DO CINEMA DE ANIMAÇÃO NO TRABALHO DOCENTE

na sala de aula — exemplo disso é que, na BNCC, não há interlocuções com a animação, mas a palavra "cinema" aparece 15 vezes. A animação, nessa dinâmica, pode dialogar com Língua Portuguesa, Matemática, Arte e Informática, ampliando o seu escopo; portanto, configurando-se como linguagem dialógica na educação.

Uma vez que o livro didático usado por Rebeka e seus alunos contempla o assunto, a necessidade de dialogar e debater sobre a criação de projetos com animação em sala de aula minimiza-se na disciplina de Arte. No entanto, com uma média de duas aulas por semana para a disciplina, o tempo acaba sendo escasso, dificultando uma aula mais proveitosa e com as especificações desejadas pelos docentes. Com mais tempo, é possível trabalhar a criação de brinquedos ópticos, associar o tema com obras de arte que simulam movimento e experimentar a criação de animações com o uso de materiais tecnológicos e softwares de edição.

É provável que a escassez de tempo seja justamente o fator que leva alguns profissionais que responderam ao questionário a escolher mais frequentemente o ensino médio para o trabalho com animação. Isso porque há uma tendência de os adolescentes terem mais autonomia nas atividades escolares, concluindo-as em casa, e conhecimento de recursos tecnológicos, sem a necessidade de um adulto por perto. Assim, amplia-se o tempo dedicado às atividades com animação, pois eles podem continuar trabalhando no tempo extraclasse.

Além disso, como destacado no capítulo 3, na maioria das universidades, as licenciaturas em Arte não apresentam a animação como opção metodológica de ensino, ou a abordam apenas como experimentação artística. Esses cursos contam com a disciplina de Vídeo, que discute a produção em animação apenas como um adendo, como forma de construir a imagem em movimento — nas ilhas de edição, no uso de filmadoras e na videoarte —, e não como uma linguagem do audiovisual.

Nas observações em sala de aula, foi possível constatar que as metodologias usadas pelas três docentes também contribuíram para difundir o trabalho com animação. Ficou visível a preocupação das professoras e suas parceiras no que diz respeito ao processo, às aprendizagens que perpassam o trabalho com os conteúdos curriculares abordados durante a criação das animações, ao livro didático e aos diálogos ocorridos em sala de aula. Todas as docentes partiram do princípio de valorizar o conhecimento dos estudantes e/ou algo relacionado ao seu contexto, pois "o saber e a informação precisam tornar-se acessíveis aos grupos de discussão, mas no sentido de desmitificá-los e neles intervir para produzir novos conhecimentos, e, principalmente novos usos" (Schütz-Foerste, 1996, p. 51).

Além disso, também chamou atenção no processo metodológico a já indicada necessidade ou quase exigência de apresentação de um produto, algo de "concreto" para a sociedade escolar. Em nossa visão, isso ocorre porque os materiais aos quais fomos acostumados a utilizar possuem caráter físico, como o lápis e o caderno. Aprendemos a trabalhar com a necessidade de tarefa de casa, de visualizar o que está sendo ensinado, aprendido... Na animação, não é diferente. A idealização de um produto para essa linguagem é uma regra, porque foi feita para gerar o movimento.

Porém, na educação, entendemos que o produto da animação deve ser resultante de um processo que, em si mesmo, é a produção de conhecimento. Nele, estão presentes conhecimentos intangíveis, que mais estão vinculados à imaginação do que à técnica. O filme foi criado para ser exibido, apresentado e mostrado a um público. Esses momentos são vivenciados com orgulho pelos estudantes, mas, também, para os profissionais da escola, que podem, valendo-se do trabalho com animação, reconhecer a visão turva, limitada, com a qual os estudantes foram tratados.

> É muito prazeroso ver o rosto desses alunos ao verem suas produções e mostrando [o resultado] para toda a escola. Nós subestimamos eles no ano passado. Eles não fizeram nada diferente porque nós não acreditamos no potencial. E olha o que eles fizeram! *Eles fizeram uma animação, um desenho animado! Eu não tenho ideia de como se faz isso!*[94]

> *Eles [estudantes] estão muito animados! Organizaram a sala para mostrar o que fizeram durante o ano. Fizeram os cartazes e os textos de apresentação com muita alegria. Queriam mostrar para todo mundo a animação. Disseram que deu muito trabalho, então tinham que mostrar!*[95]

Essas narrativas evidenciam, em especial, que a aprendizagem pode sair de uma perspectiva tradicionalista rumo a métodos mais contextualizadas com a cultura e com o tempo em que o aluno vive, promovendo uma aprendizagem que se dá em meio à dificuldade, mas, também, com a alegria de criar e de reconhecer o seu próprio valor:

---

[94] Amanda, pedagoga da Escola Experimental de Vitória – UFES, 2018, diário de campo da pesquisadora.

[95] Cristiane, professora regente, 2018, diário de campo da pesquisadora.

> *Gosto muito de animação, e sempre que dá eu coloco no meio de algum conteúdo. Esses alunos precisam de algo que mostre que são capazes. Eles aprenderam muito com o processo. Trabalharam em grupo! É muito difícil quando temos uma turma tão diferente e com situações culturais e sociais tão distintas [...]. Fizemos revisão de vários conteúdos sem que eles percebessem, porque estavam tão envolvidos com a criação da animação que nem perceberam que fizeram várias tarefas. E, agora, eles estão se sentindo os artistas da escola! Vamos apresentar várias coisas que realizaram durante o ano [...]. Não foi um ano fácil. Tivemos greves, eu fiquei de licença, a escola está com pouca estrutura [...]. Mas, hoje, eles se apresentam para todo mundo e mostram o tanto que eles fizeram e como eles são bons, apesar de muitos dizerem o contrário![96]*

Ao dialogarmos com Fresquet (2007, p. 14):

> Descobrimos, então, a capacidade do cinema como condição de possibilidade, mediador e até amplificador da vivência, entanto o expectador se identifica com as personagens e via imaginação consegue projetar-se em diversos papéis, locais, tempos, estados de ânimos que nos aproximam de diversas realidades, às vezes até muito diversas das conhecidas.

Reiteramos que, pela Lei 13.006/2014, a LDB, em seu Art. 26, § 8º, definiu que

> [...] a exibição de filmes de produção nacional constituirá componente curricular complementar integrado à proposta pedagógica da escola, sendo a sua exibição obrigatória por, no mínimo, 2 (duas) horas mensais. (Brasil, 1996).

Tal legislação amplia as possibilidades pedagógicas com o uso da animação, que pode ser um dos gêneros a serem exibidos. Além de justificar atividades relacionadas à temática, a exibição das produções e criações nacionais aos estudantes reverbera para além dos muros da escola. Além disso, o trabalho com animação na sala de aula reverbera para outros espaços e tempos, promovendo maior vinculação entre crianças e famílias:

> *Os alunos disseram que era para ter tido mais tempo para concluir o flipbook, porque eles queriam colocar na mostra cultural [...]. Infelizmente, não deu tempo. Tínhamos outros projetos da escola e o fim do ano letivo. Foi muito corrido! Mas eles levaram o livrinho para casa e mostraram para a família [...]. Uma aluna me mostrou que o pai estava desenhando junto com ela.[97]*

---

[96] Raquel, 2018, diário de campo da pesquisadora.

[97] Rebeka, 2018, entrevista individual.

No âmbito do trabalho docente e no ato de educar e ampliar o conhecimento, o processo torna-se mais relevante que o resultado, pois é em seu transcorrer que nós, docentes, podemos constatar o desenvolvimento dos estudantes. Aqui, cabe indagar: por que um objeto, um produto, um filme de animação é mais importante para os discentes e a comunidade escolar do que para os professores? Porque, como discutimos, estamos tão imbricados em uma educação tradicionalista, na qual o ensino em geral explora a escrita, a leitura, o perguntar-responder sem refletir, uma educação em que o professor é o centro do processo de aprendizagem, a autoridade, aquele que detém o conhecimento e o controle sobre o que ocorre na disciplina, que não enxergamos as potencialidades técnicas e criativas dos alunos, em meio às práticas arraigadas no cotidiano escolar.

O amálgama da educação tradicionalista fez com que, conforme as três docentes, seus alunos as questionassem sobre as tarefas com animação, acreditando que nos dias que a proposta era desenvolvida não estavam estudando, dirigindo a elas comentários como: *"Professora, a senhora não vai dar aula hoje não?"*, *"A gente não vai fazer dever?"*, *"Hoje é dia de fazer animação. Não vamos estudar!"*. Logo, os estudantes não estão habituados com atividades diferenciadas. Sua trajetória escolar foi eficiente em ensinar-lhes que a aprendizagem consiste em "decorar", "escrever muito" e "fazer contas", termos que, conforme Maria de Fátima, Raquel, Rebeka e suas parceiras, são utilizados por familiares ao questionarem a validade do trabalho com animação.

Nesse contexto, é urgente prosseguir e ampliar o contato dos alunos com novas dinâmicas de ensinar e aprender. Em outras palavras, para romper as amarras dessa corrente às quais estamos aprisionados pelo desenvolvimento de ações semelhantes ao trabalho com animação na sala de aula realizado por professoras como Maria de Fátima, Rebeka e Raquel, que compreendem o conhecimento como algo que transcende o currículo.

Por esse prisma, o aprendizado que os alunos dessas docentes acumularam com a proposta com a animação talvez não tenha estado totalmente à nossa vista na sala de aula. É possível que também eles não tivessem a compreensão do conhecimento que havia sido construído, nem o entendimento sobre suas aptidões técnicas e concepções criativas. Porém, o que vimos na tela, quando exibida a animação feita por eles — ainda que consideremos que o maior aprendizado está no processo e menos no resultado —, remete-nos à valorização do trabalho, das horas a mais na escola, na busca incessante por uma educação pública de qualidade. Nesse processo, eles foram despertados para um agir mais humano com seus colegas de turma, aos quais estavam conectados pelo sentimento de ajuda mútua. A experiência de terem sido envolvidos nessa construção, docentes e discentes podem carregar consigo pelo tempo, não como

> O historicista [que] apresenta a imagem "eterna" do passado, [mas como] o materialista histórico [que] faz desse passado uma experiência única [...] [e] deixa a outros a tarefa de se esgotar no bordel do historicismo, com a meretriz "era uma vez". Ele fica senhor das suas forças, suficientemente viril para fazer saltar pelos ares o *continuum* da história (Löwy, 2005, p. 128).

Apesar de se situarem em meio a interfaces tradicionalistas de ensino, em que o conteúdo é o aspecto fundante, as docentes encontram, nas arestas, formas de promover um ensino abordando assuntos que vão além dos expostos, tornando o aprendizado único.

O materialismo histórico permite-nos olhar para a história e analisar seus diversos lados, atores e espectadores, bem como compreender que a história pode ser diferente para cada um. Benjamin (1994) argumenta que é pelo prisma da história, olhando-a a contrapelo, que será viável perceber as tensões que a perpassam. Dito isso, não se pode negar que os métodos utilizados pelas docentes poderão ser aprimorados, se o tempo cronológico com o qual o sistema educacional se movimenta for alvo de olhares mais flexíveis, se devolvermos aos alunos e suas famílias aquela sensação da criança que, em seus primeiros meses de vida, ri ao aprender algo novo.

### 5.2.3 Técnica e criação

Neste tópico, a ênfase da discussão recai sobre questões relacionadas à técnica e à criação envolvidas na animação. Essas categorias dialogam, mas a técnica não impõe a necessidade de criar, visto que o caráter técnico, ao ser aprendido, torna-se mecânico, repetitivo. Entendemos a técnica como necessária para o processo de construção do conhecimento, pois possibilita a sistematização. Nossa reflexão dá-se buscando a ampliação dos saberes, de modo que o fazer artístico não se torne "fazer pelo fazer", mas que seja contextualizado, com fruição e reflexão. Contudo, para a criação de uma animação, os conceitos técnicos são imprescindíveis.

Quando apresentamos os princípios fundamentais da animação (capítulo 4), vimos que há inúmeras formas de deixar uma animação mais fluida, com movimentos mais realistas, suaves. Vimos ainda que, a partir de 12 quadros por segundo, já é possível notar a sensação do movimento, embora somente com o dobro disso se obtenha um movimento contínuo, homogêneo, sem a percepção das interrupções.

Produzir uma animação é tarefa possível a uma equipe criativa, mas com pouca compreensão técnica. No entanto, neste caso, algumas execuções podem ser realizadas de outras formas ou até descartadas, por falta de viabilidade técnica, por incompatibilidade com o formato ou materiais utilizados. De qualquer modo, na animação, a criação precisa da técnica. Ao pensarmos sobre essa relação entre as dimensões técnica e criação, remetemo-nos a Ostrower (1987, p. 26-27), para quem

> Quando se configura algo e se o define, surgem novas alternativas. Essa visão nos permite entender que o processo de criar incorpora um princípio dialético. É um processo contínuo que se regenera por si mesmo e onde o ampliar e o delimitar representam aspectos concomitantes, aspectos que se encontram em oposição e tensa unificação. A cada etapa, o delimitar participa do ampliar. Há um fechamento, uma absorção de circunstâncias anteriores, e, a partir do que anteriormente fora definido e delimitado, se dá uma nova abertura. Da definição que ocorreu, nascem as possibilidades de diversificação. Cada decisão que se toma representa, assim, um ponto de partida, num processo de transformação que está sempre recriando o impulso que o criou. O potencial criador elabora-se nos múltiplos níveis do ser sensível-cultural-consciente do homem, e se faz presente nos múltiplos caminhos em que o homem procura captar e configurar as realidades da vida. Os caminhos podem cristalizar-se e as vivências podem integrar-se em formas de comunicação, em ordenações concluídas, mas a criatividade como potência se refaz sempre. A produtividade do homem, em vez de esgotar, liberando-se, amplia.

O ato de criar incorpora um princípio dialético, e, ao analisá-lo, percebemos que aquele ocorre com a técnica. Sua mecanicidade surge pelo viés da prática, do repetir e da reprodução. Todavia, consideramos que, mesmo nessa repetição, a técnica viabiliza modos de criação, pois, quanto mais domínio se tem sobre ela, mais suave e realista fica o movimento criado. De outro lado, com maior nível de criatividade, a animação oferece maior qualidade visual. Na verdade, ambas as dimensões colaboram para oferecer ao expectador um resultado mais apurado.

Dentre as concepções técnicas que viabilizam a criação da animação, além do entendimento da imagem em movimento, destacam-se:

a. Uso de câmeras fotográficas ou de celulares em suas configurações básicas para a captura de imagens;

b. Tripé ou local adequado para manter a estabilização da imagem;

c. Conhecimento de software ou aplicativo de animação e edição;

d. Técnicas de modelagem tridimensional e suas estruturas.

A compreensão desses aspectos, aliada aos processos criativos, permite produzir o filme de animação com base na elaboração de roteiros e de personagens. No entanto, apenas a técnica sem as perspectivas da criação não é suficiente, pois o resultado serão apenas exercícios representativos da imagem em movimento. O trabalho com animação na sala de aula desperta a criatividade, compreendida como uma propriedade ligada ao ato e à capacidade de criar, qualidade de quem é criativo (Saccomani, 2016).

O trabalho docente com animação exige que o professor conheça a técnica e que possibilite meios, materiais, recursos e alternativas para a criação. Se o estudante terá tempo de exercitar sua criatividade no período de trabalho com a proposta, isso é outro aspecto, visto que cada sujeito requer um período de maturação para desenvolver a criatividade. Muitas vezes, a "criação" na animação torna-se mera reprodução ou releituras do que o estudante já vivenciou. Isso pode ser visto no processo de criação da animação *The Heroes*[98], que reproduz, valendo-se de desenhos estilizados, cenas de animações que mostram as aventuras dos personagens, ressignificando-os com a inserção de traços próprios. Para Saccomani (2016, p. 8), "a criatividade desenvolve-se a partir da dialética entre apropriação e objetivação; a apropriação daquilo que foi acumulado outrora pelo conjunto dos seres humanos no decorrer da história e a objetivação do novo".

---

[98] Inspirados nas histórias de super-heróis, Cauã Amorim, José Luiz Zanom Júnior, Michel Renato Costa Rodrigues, Pedro Ramon Dias, Raiky Braynner Ribeiro e Yan Oliveira de Jesus animam, por meio da técnica 2D, cenas de lutas, batalhas e aventuras suas como heróis. Em sua narrativa, inserem passagens de tempo, sinalizando as modificações temporais em uma animação de 1 min 55 s.

Analisando as produções dos estudantes, vimos que os *flipbooks* produzidos pelos alunos da professora Rebeka são mostras de reprodução, pois, para ter o livrinho animado, os alunos inspiraram-se no que foi mostrado nos vídeos por ela em sala de aula. Eles reproduziram ideias para a compreensão da técnica da animação. Contudo, conforme comentamos, Rebeka pontuou que, posteriormente a essa atividade, familiares dos alunos interessaram-se pela proposta e passaram a auxiliá-los, arriscando-se, eles mesmos, a produzir animações[99]:

> *A mãe chegou para mim e disse que, pela primeira vez, o pai se interessou em fazer algo com o filho. Que ela nem acreditou quando viu os dois sentados juntos fazendo uma tarefa. Que ele ajudou o menino a desenhar no livrinho e que ouviu o filho explicando como fazia o bonequinho mexer. O pai pegou um caderno velho e fez vários desenhos na beirada da folha [...]. Ela me disse que, na época dela, era tudo diferente. Que tinha que decorar a matéria, e, agora, as crianças levam [para casa] umas coisas legais para fazer. Que, às vezes, tem coisas difíceis, que eles não sabem, mas que tem umas coisas legais, que envolvem a família toda [...]. E ela é nova, deve ter seus 30 anos.*

Esse envolvimento mostra que o processo de criação se tornou contínuo, perpassou a atividade de sala de aula e foi além do aluno que entrou em contato com essa linguagem. O empenho dos familiares nas atividades mencionadas, que fogem ao padrão tradicionalista de ensino, denota que a família começa a atribuir credibilidade ao trabalho docente, apesar das ressalvas já destacadas anteriormente. Esse relato da mãe à professora mostra que precisamos, cada vez mais, ampliar as perspectivas de ensino e aprendizagem; se o novo causa estranhamentos, é a perseverança em realizá-lo que o viabiliza e reduz o sentimento de refuta a ele. Afinal, como criar, se não se está aberto ao novo?

O ato criador, em sala de aula, está associado às questões cotidianas e/ou do imaginário infantil. Isso é visto nas animações criadas pelas professoras colaboradoras desta pesquisa e seus alunos. As animações *Biblioteca Fantástica*[100], *The Heroes*

---

[99] Diário de campo da pesquisadora, 2018.

[100] Com a técnica de recorte, conta a história de estudantes que saem de suas casas e vão para a escola. Em seus horários de aula, passam um tempo na biblioteca. Neste espaço, um livro cai, e para dentro dele os alunos são puxados. Com 1 min 24 s, a animação é de autoria de Eduardo de Souza Rodrigues, Júlia dos Santos Silva, Layla Lucidato Rosa, Luiz Gabriel da Hora Oliveira e Ryan de Souza Rodrigues.

Figura 10 e Figura 11), *Estrela Cadente*[101], *Escola de Ninjas*[102] e *Ciência e Robótica*[103] evidenciam desde o desejo de voar por meio de super-heróis até aspectos do cotidiano escolar, situações sociais e muita imaginação, os quais estão presentes nas relações em sala de aula.

Figura 10 – Professora Fátima fazendo a captura dos desenhos em 2D criados pelos autores de *The Heroes*

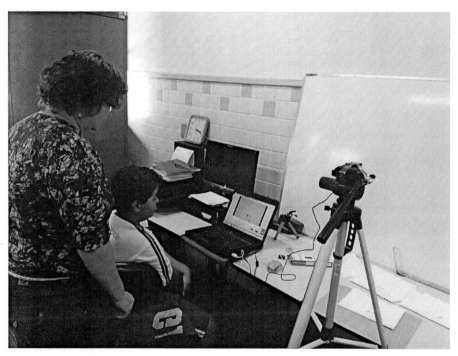

Fonte: registro da pesquisadora (2018)

---

[101] Animação produzida com massa de modelar, que aborda uma estrela em busca dos planetas. A estrela percorre toda a galáxia até encontrar o sistema solar. Com 1 min 21 s, é de autoria de Ana Clara Bragança de Souza, Gabriela Ferreira Nascimento, Kamilla V. F. L. dos Santos e Sarah Rocha Fernandes.

[102] Inspirados em *anime*, desenho japonês, *Escola de Ninjas* foi criada de recortes e conta a história de aprendizes de ninjas que enfrentam o roubo de sua espada. Com 1 min 51 s, a animação foi produzida por Ana Alice Alves Ribeiro, Sulamita de Oliveira dos Santos, Maria Eduarda Pinheiro Tozi, Marcos Jhon de Moraes Oliveira e Thamires Araújo dos Santos.

[103] A animação, de 1 min 2 s, exibe três histórias. A primeira é sobre um astronauta que inicia uma caminhada espacial e, depois, pousa no solo dos arredores de sua estação espacial. A segunda retrata uma ronda policial. E, por fim, uma luta. As produções foram realizadas com brinquedos do tipo Lego e são de autoria de Breno Nunes Macedo, Ryan Loureiro Pachito, Yago Davi Pimentel, Gustavo de Bruyn dos Santos e Thierry Moreira.

Figura 11 – Cena da animação *The Heroes*, produzida em 2D

Fonte: registro da pesquisadora (2018)

Para a ocorrência do processo de criação, a imaginação da criança deve ser estimulada, prioritariamente, com base nas experiências por ela vivida. Isso porque a "criação nunca parte do nada. É preciso compreender o movimento dialético da criação. [...] ela surge a partir da atividade de trabalho" (Saccomani, 2016, p. 61). Também para Vigotski (2009b, p. 11-12), a criação relaciona-se às experiências que temos ao longo da vida, consistindo naquela

> [...] em que se cria algo novo. Pouco importa se o que se cria é algum objeto do mundo externo ou uma construção da mente ou do sentimento, conhecida apenas pela pessoa em que essa construção habita e se manifesta. Se olharmos para o comportamento humano, para a sua atividade, de modo geral, é fácil verificar a possibilidade de diferenciar dois tipos principais. Um tipo de atividade pode ser chamado de reconstituidor ou reprodutivo. Está ligado de modo íntimo à memória; sua essência consiste em reproduzir ou repetir meios de conduta anteriormente criados e elaborados ou

> ressuscitar marcas de impressões precedentes. Quando me lembro da casa onde passei a infância ou de países distantes que visitei, reproduzo as marcas daquelas impressões que tive na primeira infância ou à época das viagens. Da mesma forma, quando elaboro desenhos de observação, quando escrevo ou faço algo seguindo determinado modelo, reproduzo somente o que existe diante de mim ou o que assimilei e elaborei antes. O comum em todos esses casos é que a minha atividade nada cria de novo e a sua base é a repetição mais ou menos precisa daquilo que já existia.

O mesmo pensador argumenta que a criatividade do adulto se dá pelo acúmulo de experiências, o que faria dele mais criativo que a criança, não fosse pelo fato de que esta se mostra mais livre, visto sua falta de pudor, o que também influencia a criatividade (Vigotski, 2009a, 2009b). Por isso, uma das funções da escola é proporcionar ao estudante diferentes formas de ver o mundo ao seu redor para que se amplie seu processo imaginativo, logo sua criatividade. Porém, materiais e recursos pedagógicos que podem funcionar como incentivo para a criação dependem diretamente de estrutura. Dada a precariedade das escolas nesse quesito, muitos docentes escolhem não trabalhar com projetos como a animação por não contarem com condições adequadas para tal. Quando persistem, apesar das condições oferecidas pela escola, os materiais utilizados são alternativos ou do próprio professor.

Para exemplificar, lembramos que a Escola Experimental de Vitória – UFES não tinha massa de modelar para a construção dos personagens em seu almoxarifado. Mesmo com o empenho da direção, o material não chegaria a tempo hábil, em virtude dos processos burocráticos que envolvem o processo de compra na Administração pública. Avaliando a importância da proposta e analisando a situação econômica da turma, a pedagoga Amanda solicitou à escola do lado que lhe emprestasse a plastilina, no que conseguiu uma caixa. Todavia, pelo fato de a escola vizinha trabalhar com alunos da educação infantil, a plastilina era muito macia (plastilina *soft*). Dada a composição da massa, minutos depois de manipulada, pelo contato com o oxigênio, cria-se, na modelagem, uma camada porosa, de modo que o personagem fica sem maleabilidade. Os estudantes estavam tão ansiosos que, mesmo sabendo disso, quiseram iniciar a modelagem dos personagens. As professoras permitiram, sabendo que aquelas produções não seriam utilizadas, já que ficariam duras até a próxima aula, além de se quebrarem ao mais suave toque.

As experiências de Maria de Fátima, Raquel e Rebeka e seus respectivos discentes com a animação são perpassadas por carências estruturais e pela falta de materiais. A diferença entre as docentes dá-se pelo modo como desenvolvem seus projetos: Maria de Fátima assumiu o risco da escolha que fez de dar às crianças a liberdade de indicarem a técnica, o que gerou a falta de materiais específicos, como a massa de modelar. Para fazer frente a tantas limitações, Raquel optou por usar a técnica *pixilation* com base em objetos e pessoas. Rebeka, por sua vez, construiu com os alunos um brinquedo óptico, um dos fundamentos para a compreensão da imagem em movimento. É importante ressaltar que o ato de brincar, função que o brinquedo óptico assume em um segundo momento — primeiro, ele foi um invento científico para explicar a persistência retiniana —, é, ainda que despretensioso, compreendido como um trabalho humano, logo um ato criador. Entretanto, foi necessário juntar recursos com a professora regente da turma e sua parceira, Mariana, para comprar blocos de papel para que os alunos desenhassem o *flipbook* e, assim, melhorar o resultado estético da criação.

Não é apenas a falta de estrutura das escolas que produz impactos diretos nos processos educativos, os quais também são influenciados pela situação econômica dos estudantes. A soma desta à ausência de um material adequado para a produção animada fez com que as professoras, para garantir um trabalho de qualidade, comprassem a massa de modelar, mesmo com seus respectivos salários e carreiras desvalorizados, o que evidencia a precarização da educação. Em adição, por certo, já estavam no raio de suas preocupações as questões metodológicas e curriculares, mas também precisavam estar atentas ao seu bem-estar e ao dos alunos, pois a saúde física e a psicológica são fatores que afetam o processo de aprendizagem. Salientamos que, mesmo quando as docentes se preocupam com esse aspecto, fazem-no conforme seu próprio trabalho, ocorrendo, assim, uma nova forma de precarização.

Nas salas de aula de duas professoras, Maria de Fátima (Escola Experimental de Vitória – UFES, 3 alunos) e Raquel (EMEF Adilson da Silva Castro, 1 aluno), havia crianças com necessidades especiais comprovadas por laudo. É preciso lembrar que muitas escolas podem não dispor de profissionais que possam auxiliar esses alunos no seu desenvolvimento educacional. Outro fato que intensifica as preocupações é que algumas salas de aula também possuem alunos que necessitam de atendimento especializado, mas ainda não têm laudo, seja pela dificuldade das famílias para aceitar sua condição, seja porque esses alunos apresentam dificuldades de aprendizagem que foram observadas pela escola, mas ainda não estão diagnosticadas por médicos.

Nas escolas em que o trabalho docente com animação foi observado, o projeto com essa linguagem, apesar de realizado em meio a adversidades, incluiu todas as crianças, seja em suas carências do ponto de vista socioeconômico, seja em suas necessidades especiais (comprovadas ou não por laudo). No que diz respeito aos aspectos inclusivos, a professora regente Cristiane[104] notou que

> *[...] apesar de os alunos com necessidades especiais terem feito o seu próprio grupo, o que mostra certa exclusão social, eles sentiram-se incluídos nos processos educativos, pois conseguiram produzir [...] suas animações. Além disso, percebi que os alunos que não tinham um lado criativo aflorado, aguçado, conseguiram absorver bastante as técnicas. Todos, de alguma forma, se sentiram incluídos. O projeto foi agregador.*

A experiência de desenvolver animação com as crianças com necessidades especiais mostrou como a proposta aproximou e deu equidade ao contexto do processo criativo. Esses alunos produziram e criaram suas animações com base no incentivo e suporte das docentes. As temáticas estavam associadas a assuntos dos quais eles gostavam, o que facilitou a criação. Outro fator relevante é que, conforme notamos no processo de observação, os alunos com necessidades especiais sentiram muita dificuldade na parte teórica, associada com dificuldades no processo de desenvolvimento de leitura e escrita. O domínio dessas habilidades, aliado às explanações sobre os conceitos técnicos, era necessário para a realização da pesquisa sobre animação. Os alunos só compreenderam os procedimentos de criação quando visualizaram outros fazendo. Todavia, chegado o momento da prática, a hora de animar, o processo fluiu.

Isso nos leva a entender que o trabalho docente com animação com determinados grupos de alunos precisa partir do concreto para, assim, integrar toda a comunidade escolar, pois, por vezes, para alguns alunos, a teoria é vista como algo abstrato, de difícil compreensão. Saviani (2012, p. 41) vem justamente afirmar que:

> [...] os homens são essencialmente diferentes, e nós temos de respeitar as diferenças entre os homens. Então há aqueles que têm mais capacidade e aqueles que têm menos capacidade; há aqueles que aprendem mais devagar; há aqueles que se interessam por isso e os que se interessam por aquilo.

---

[104] Cristiane, 2018, entrevista individual.

Contudo, vimos que a autonomia conferida pelos professores para que os alunos escolhessem de seus próprios grupos criou um antagonismo: grupos com integrantes que não tinham necessidades especiais e grupos com necessidades especiais.

As professoras não levaram em consideração, naquele momento, quão diferenciada era a turma e que os alunos se juntariam com base em grupos preexistentes. Nesse contexto, formou-se o grupo que criou a animação *Ciência e Robótica*, que, de acordo com as professoras Cristiane e Maria de Fátima, possuíam dificuldade de aprendizagem, tendo em suas composições estudantes com laudo de transtorno do espectro autista. Conforme notamos nas observações em sala de aula, na maioria das vezes, este grupo era o último a concluir suas tarefas, quando concluía. Por isso, Cristiane dispensou atenção especial a estes alunos. Ela olhava os cadernos, motivava-os à realização dos exercícios e encaminhava mensagens, chamando a família para conversar sobre a situação.

Em um primeiro momento, tanto Maria de Fátima quanto Cristiane avaliaram que precisavam intervir e mediar a divisão dos grupos, em função da exclusão explícita destes alunos. Entretanto, tal intervenção acarretaria o não cumprimento do acordo com os estudantes nas primeiras conversas sobre o projeto, além da busca por autonomia e protagonismo. Assim, decidiram acompanhar com mais afinco o trabalho realizado pelos alunos com necessidades especiais.

No que diz respeito à concepção teórica para fundamentar a proposta de animação, o grupo que criou *Ciência e Robótica* teve muita dificuldade para realizar a pesquisa, em elaborar o roteiro escrito, descrever os personagens e criar a animação. Dispersos com os trabalhos dos colegas e com dificuldades com a escrita, estes alunos se atrasaram, e o preenchimento da planilha de dados da produção — o qual continha resumo da história, desenhos dos personagens, técnica e materiais a serem usados na animação, entre outros — não foi concluído. O grupo foi o último a concluir a animação.

Mediante essas dificuldades, as professoras incentivaram estes estudantes a criar uma animação partindo de seus gostos e realidades. Nas conversas que mantinha com eles, Maria de Fátima questionava sobre o que tinham de brinquedo ou material em casa, das brincadeiras que faziam e sobre possíveis temáticas que pudessem ser associadas a isso. Em síntese, em parceria com Cristiane, a docente organizou-se com este grupo em horários alternativos para discutir o que o planejamento que os alunos haviam feito

MEDIAÇÕES DO CINEMA DE ANIMAÇÃO NO TRABALHO DOCENTE

para criar a animação. Com base nas narrativas dos estudantes, o roteiro foi escrito; e os personagens, escolhidos com brinquedos Lego. Os cenários utilizados foram imagens de computador exibidas no monitor.

A criação dessa animação exigiu um processo criativo significativo, sem o qual ela não teria sido viabilizada. Como os estudantes não conseguiram realizar a tarefa no tempo previamente definido, a data do encerramento do projeto aproximava-se, de modo que não havia tempo para criar outros cenários, sendo apenas um de autoria dos alunos. Todavia, as docentes surpreenderam-se com sua capacidade de improviso e para a resolução de problemas.

A autonomia e a mediação por Maria de Fátima foram fundamentais para o processo criativo. Por exemplo, os alunos tiveram a ideia de usar o monitor como cenário, alterando as imagens digitais de acordo com as mudanças de cena, otimizando, assim, o tempo de captura. Nisso, outro problema surgiu: a altura do monitor. Como eles tinham acesso ao armário da docente, encontraram ali caixas e sugeriram posicionar parte do computador horizontalmente, para servir de tablado para a montagem dos personagens, o que fez com que a tela ficasse no mesmo nível do monitor do computador no qual as imagens seriam exibidas. Chegaram, assim, à altura desejada para a gravação.

Nos momentos em que os estudantes estavam com dificuldades, Cristiane e Maria de Fátima questionavam como eles poderiam solucionar cada problema. Uma das cenas teria um personagem (astronauta) voando. Contudo, fazendo a gravação com a câmera posicionada de frente para os objetos, os alunos notaram que isso não seria possível produzi-la, pois necessitariam de um aparelho específico para acoplar às costas do personagem. Outra situação seria uma filmagem aérea, posicionando o tripé de modo que a câmera ficasse sobre os personagens, que estariam deitados, o que daria a impressão na gravação que os bonecos estariam, de fato, voando. Mais que rapidamente, um dos componentes sugeriu o uso de uma fita adesiva transparente, que fixariam ao astronauta por diversas vezes, pois seria necessário filmá-lo em diferentes posições para animar a imagem.

Ao pôr suas conjecturas em prática, os alunos criaram sua história e atingiram seus objetivos. Mas a fita adesiva, apesar de solucionar o problema do voo do astronauta, trazia uma questão estética para a animação, pois ficava aparente no vídeo. Mas, respeitando a decisão do grupo, as docentes optaram por não intervir na decisão deles por usá-la, até porque a consideraram *"uma criatividade tremenda a forma como resolveram cada obstáculo"*[105].

---

[105] Maria de Fátima, 2018, diário de campo da pesquisadora.

A Figura **12** é um *frame* da animação (*Ciência e Robótica*). A imagem de fundo foi exibida no monitor do computador, à frente do qual o boneco que representa o astronauta foi posicionado, sendo filmado de frente. A fita à qual o boneco foi fixado era colada e descolada na tela do monitor.

Figura 12 – Astronauta "voa" no espaço na animação *Ciência e Robótica*

Fonte: registro da professora Maria de Fátima (2018)

Os estudantes mostraram muita criatividade com a alternativa usada, pois, normalmente, quando se tem um personagem que vai simular voo, a câmera fica em posição aérea, com os personagens deitados sobre o cenário, em posição horizontal. Diante dos resultados obtidos em meio às dificuldades encontradas, a professora Maria de Fátima[106] assim se expressou:

> [...] eles me surpreenderam! Fiquei impressionada! Nós subestimamos demais nossos alunos. E não falo só desses alunos aí, não... Alguns desses têm laudo de autismo e nem a família acredita no potencial deles. Às vezes, subestimamos por menos que isso. Olha como eles têm potencial! Eles são muito inteligentes e criativos! Esteticamente e tecnicamente, temos problemas, mas eles deram conta do recado. Eles fizeram uma animação!

As animações criadas por Maria de Fátima, seus respectivos alunos, as parceiras, professora Cristiane e a bibliotecária Michele, podem ser vistas nos endereços eletrônicos a seguir:

- *Escola de Ninjas*: https://www.youtube.com/watch?v=IWJMcfaaIDU;
- *Ciência e Robótica*: https://www.youtube.com/watch?v=5TU68pImJCM;

---

[106] Maria de Fática, 2018, diário de campo da pesquisadora.

- *The Heroes*: https://www.youtube.com/watch?v=DY2wfchICOQ;
- *Estrela Cadente*: https://www.youtube.com/watch?v=5hUGhqocdRg;
- *Biblioteca Fantástica*: https://www.youtube.com/watch?v=Hkug_oPc7tM.

A animação criada pela professora Raquel e seus alunos está disponível no link a seguir:

- *A Mala*: https://www.youtube.com/watch?v=PBe7ODGsyCQ.

Como o trabalho da professora Rebeka consistiu na criação de um brinquedo óptico — entregue aos alunos no término de sua elaboração —, não contemplou a captura de imagens.

O sentimento de surpresa com o resultado alcançado pelos alunos também emergiu em Cristiane diante da capacidade técnica demonstrada por alguns discentes de sua turma. Por exemplo, Ana Clara sentia dificuldades em atividades cotidianas, como escrita e interpretação de textos, o que repercutiu na elaboração do roteiro de seu grupo. No entanto, a menina destacou-se por compreender detalhes das instruções dadas para a captura de imagens e sobre o software de animação, que normalmente passam despercebidos até para adultos. Surpreendeu a todos com seu olhar atento à iluminação e a pequenas nuances na tela, o que poderia alterar a imagem quando finalizada a animação.

Ana Clara observou a iluminação e solicitou que as colegas usassem tatames da biblioteca para impedir a entrada dos raios de luz (Figura 13). Percebeu, também, um pedaço de fita adesiva que aparecia no canto superior da tela, quase invisível.

Figura 13 – Estudantes usam tapumes para controlar a luz no cenário de *Estrela Cadente*

Fonte: registro da pesquisadora (2018)

A atenção a esses detalhes técnicos deu à animação *Estrela Cadente* uma estética mais apurada, pois evitou distrações visuais ou alterações no intervalo entre as imagens, proporcionando uma passagem de imagens mais contínua e homogênea.

Para evidenciar como o trabalho das docentes possibilitou olhares criativos sobre as produções, destacamos uma conversa entre um aluno do grupo que produziu a animação *Biblioteca Fantástica* e a professora Maria de Fátima. Eles não gostaram de quão repetitiva estava ficando a caminhada de um personagem diante de uma árvore, por isso queriam fazer algo diferente. Quando um dos alunos sugeriu que o personagem passasse por trás da árvore, um deles perguntou à professora Maria de Fátima como fazê-lo[107].

> *Professora: E como vocês acham que isso é feito?*
> *Aluno: Sei lá!*
> *Professora: Vamos pensar! O boneco vem até aqui, e a gente vê ele. O que acontece quando ele passar pela árvore? [Silêncio.]*

---

[107] Diário de campo da pesquisadora, 2018.

> *Aluno: Já sei! Eu tiro o boneco! A gente não vai ver ele no vídeo. Mas... "Peraí" [Silêncio, olhando o personagem e manuseando-o]. A gente tem que tirar ele e contar quantas fotos ele ia demorar para passar e depois colocar ele de novo depois da árvore.*
> *Professora: Vamos testar, então?*
> *Aluno: E se estiver errado?*
> *Professora: Se estiver errado, a gente para, pensa e começa de novo.*

Nota-se que a docente fez os alunos pensarem sobre seu ato de criação, o que foi possível porque eles já possuíam certo domínio da técnica, sem o que talvez não tivessem chegado à alternativa que apontaram.

No que diz respeito ao domínio das técnicas de animação, é importante explicitar que o uso da técnica 2D, desenhada quadro a quadro e, depois, fotografada ou escaneada para ser inserida em um software de animação, constitui-se em um processo técnico-criativo um tanto complexo. Quando os animadores de *The Heroes* fizeram a opção por essa técnica, Maria de Fátima e Cristiane destacaram as dificuldades que ela traria, o que influenciaria diretamente o tempo para a execução. O intuito era fazê-los mudar de ideia, mas eles foram firmes e prosseguiram em sua escolha.

> *Deixei fazer e pensei, depois que eles percebessem o quanto dá trabalho desenhar quadro a quadro, que eles desistiam e mudariam de técnica, mas isso não aconteceu. Eles foram até o fim. E deu um trabalhão! Isso é bom para a gente aprender a não menosprezar a capacidade dos nossos alunos. A gente quer opinar a partir do que a gente é capaz e por vezes acaba achando que eles não seriam capazes.*[108]

A professora Maria de Fátima, portanto, sublinha a necessidade de o docente olhar para a capacidade dos alunos, e não para as suas próprias. É importante discorrer sobre a complexidade de uma técnica, mas, ao mesmo tempo, criar mecanismos que permitam aos alunos ressaltar suas habilidades, respeitando-se e percebendo que há saberes diferenciados entre os integrantes de um grupo, os quais permitem superar obstáculos. É preciso, também, incentivar o desenvolvimento de novos saberes, sublinhando que o aprendizado é possível, desde que haja esforço e prática, que é o que a técnica requer.

Uma das dificuldades dos alunos era quanto a não dominar o desenho. Os alunos ouvem que se trata de um dom, o que precisa ser desmistificado. Assim, com desenhos que fez no quadro branco, a professora Cristiane

---

[108]  Maria de Fátima, 2019, conversa de devolutiva.

mostrou-lhes que o desenho nada mais é que um conjunto de linhas e muita observação, mas destacou que, para a proposta de uma animação em 2D, o *stick figure* poderia auxiliá-los[109]. Trata-se de um desenho acessível e rápido de fazer. A professora Cristiane, portanto, mostrou que o desenho nada mais é que um conjunto de habilidades técnicas, adquiridas com base na prática, como a maioria das habilidades humanas.

As animações criadas pela Escola Experimental de Vitória – UFES, onde atuam as professoras Cristiane e Maria de Fátima, ocorreram com base em um trabalho colaborativo e de parceria, valendo-se de grupos pequenos, cada um criando uma animação. Na EMEF Adilson da Silva Castro, a professora Raquel, por sua vez, envolveu a turma em uma única animação, produzida com a técnica *pixilation*.

Raquel decidiu-se pelo *pixilation* pelo aspecto da praticidade, custo e tempo, pois precisava cumprir seu cronograma de aula para alcançar com os estudantes as proposições do projeto, vinculado às disciplinas de Matemática e Língua Portuguesa. A ideia era aproveitar o ambiente e criar efeitos especiais e simulações de movimentos. Uma vez que a técnica não requer construção de personagens ou cenários, na execução do trabalho, os alunos usaram seus próprios objetos e também os da escola. Assim, com o *pixilation*, não são necessários investimentos altos nem objetos elaborados, o que torna a técnica de fácil utilização em sala de aula.

O processo de criação na turma de Raquel iniciou-se com o ano letivo, associado com outros projetos pedagógicos, os quais resultariam na animação. Para garantir as gravações, a docente elaborou com os estudantes um roteiro coletivo que, além de ser base para a animação, fazia parte das atividades de Língua Portuguesa. Assim, eles interpretaram, questionaram e refletiram sobre a produção textual. Posteriormente, apesar de ser produzida uma única animação, a turma foi dividida em grupos para que cada um gravasse uma cena. Essa fragmentação permitiu que a professora mostrasse aos alunos como os filmes são montados:

> *O roteiro precisa ser feito, porque ele nos dá base para toda a produção de um filme. A gente pode dividir ele, fragmentar, cada um fazer um pedaço e, depois, juntar tudo na ordem. É assim que as novelas e os filmes são feitos. Por exemplo: Se tiverem que gravar algo nessa sala, vão gravar todas as cenas, as partes que passam aqui [...], porque dá muito trabalho ter que ficar montando e desmontando os equipamentos, as câmeras, computadores. Ah!*

---

[109] Diário de campo da pesquisadora, 2018.

> *E, muitas vezes, os lugares são alugados. Tem que gravar tudo onde alugaram ou ficariam pagando toda vez que fossem usar. Aí, para saber qual a cena, a ordem certinha, eles usam a claquete.*[110]

Os alunos gravaram as cenas separadamente. A docente e esta pesquisadora auxiliaram os grupos. Diferentemente da professora Maria de Fátima, que deu autonomia para a tomada de decisões dos alunos, em função dos limites de tempo e das inúmeras atribuições como docente, Raquel optou por um trabalho mais direcionado, tendo o controle de todo o processo técnico-criativo. Isso, no entanto, não impediu os alunos de opinar.

O que a docente fez foi estabelecer metas e diretrizes a serem seguidas pela turma, tais como: o roteiro deveria ser criado coletivamente, as técnicas e os modos de produção seriam escolhidos em diálogo, assim como a função que cada um teria no decorrer da produção. Dessa maneira, a captura das imagens da animação transcorreu em duas tardes de aula, das 13 h às 17 h 30 min. Nos demais dias, os alunos trabalharam em atividades relacionadas a Língua Portuguesa e Matemática elaboradas pela docente com base na temática Animação.

Os recursos e materiais escolhidos pelas três docentes para criar as animações com os alunos mostram como essa linguagem é versátil e como pode ser aplicada a diferentes situações para promover a criatividade. Usa o desenho, a modelagem, além de ressignificar objetos, que são transformados em audiovisual.

Incentivar que os alunos mergulhem nos processos criativos os retira de uma situação passiva. Com incentivo e materiais diferenciados, eles podem ver um campo de possibilidades de construção de saberes e conhecimentos. Contudo, é notório que apenas disponibilizar tais recursos não promove o ato criador. A mediação é fundamental, por intermédio do docente, dos próprios alunos ou seus recursos.

Na avaliação da professora Cristiane, o processo de criar animação com os alunos foi pautado por descobertas, pois ela não tinha experiência com a linguagem, apesar de gostar de informática e de cinema e se considerar uma curiosa sobre a montagem de filmes. Por vezes, o trabalho docente é tão fundamentado na leitura, escrita e no contar, objetivo das provas de larga escala que estabelecem índices, que os professores se expressam estritamente por meio da linguagem verbal. A linguagem visual, representada, por exemplo, pelo desenho, além de comunicar, permite que os docentes mostrem seu

---

[110] Raquel, 2018, diário de campo da pesquisadora.

lado técnico e criativo, tornando a aula mais leve e fluida. O processo de formação contínua que o uso da animação possibilita a docentes e discentes traz base filosófica e científica para ambos a respeito dessa linguagem, com abertura dos alunos para o processo de reflexão sobre a animação.

> A educação é permanente não porque certa linha ideológica ou certa posição política ou certo interesse econômico o exijam. A educação é permanente na razão, de um lado, da finitude do ser humano, de outro, da consciência que ele tem de sua finitude. Mais ainda, pelo fato de, ao longo da história, ter incorporado à sua natureza não apenas saber que vivia, mas saber que sabia e, assim, saber que podia saber mais. A educação e a formação permanente se fundam aí (Freire, 1993, p. 20).

Observamos isso, por exemplo, quando Cristiane, que não dominava a técnica de animação, foi ao quadro desenhar como forma de incentivar os alunos, que viam sua pouca habilidade com essa linguagem como um dificultador para o trabalho com a animação. Surpresos, pois não sabiam que a docente desenhava, eles iniciaram suas produções motivados pela exposição que ela fez, que focou o desenho de imagens criadas com base em linhas simples. No trabalho com animação, a professora pôde não só apresentar elementos técnicos de desenhos, como também relacioná-los à arte, destacando para os discentes os motivos pelos quais ela gostava da representação por meio do desenho. Essa dinâmica reforça que

> O homem elabora seu potencial criador através do trabalho. É uma experiência vital. Nela o homem encontra sua humanidade ao realizar tarefas essenciais à vida humana e essencialmente humanas. A criação se desdobra no trabalho porquanto este traz em si a necessidade que gera as possíveis soluções criativas. Nem na arte existiria criatividade se não pudéssemos encarar o fazer artístico como trabalho, como um fazer intencional produtivo e necessário que amplia em nós a capacidade de viver. Retirando à arte o caráter de trabalho, ela é reduzida a algo supérfluo, enfeite talvez, porém prescindível à existência humana (Ostrower, 1987, p. 31).

Schütz-Foerste[111] salienta ainda:

> *A arte é conhecimento de técnicas e do mundo, assim como também é uma atividade subjetiva e íntima do homem. É expressão e é conhecimento. É uma forma de manifestação do homem em sua*

---

[111] Definição apresentada durante a aula da disciplina Arte no ensino médio, no curso de graduação em Artes Visuais da UFES, em 2006.

> *totalidade: como ser racional e sensível. Utiliza-se de matérias, de técnicas e de um conhecimento sensível do mundo. A redução da arte a apenas uma de suas dimensões é condição de seu aleijamento e favorecimento de seu uso mitificador e alienante.*

Ainda que tenhamos o costume de relacionar o trabalho a atividades mecânicas e estáticas, herança da própria cultura industrial introduzida no século XVIII, tal como argumentam Marx (2009, 2010) e Freire (2017b, 2018), o trabalho é uma atividade essencialmente humana, que desvela nossa capacidade criadora. Com ele, transformamos a realidade, vencendo os obstáculos com que nos deparamos. Nossa capacidade técnico-criativa permite emanciparmo-nos como sujeitos pela produção de conhecimentos e possibilitar mais oportunidades aos discentes para que possam vivenciar processo semelhante, o que, muitas vezes, pode nos surpreender com os resultados por eles alcançados:

> *[...] me surpreendi, não por mim, mas pelo que os meninos fizeram. O que parecia um dificultador no começo, que seria eles entenderem o processo da animação, tiraram de letra. Fiquei surpresa com o resultado! Eles finalizaram a animação, tomaram decisões, posicionamentos, lideraram [...]. Eu trabalhei criação de texto, organização, autonomia. Todos os processos foram organizados por nós, mas quem dizia o que fazer eram os alunos, o coletivo. Foi um trabalho que agregou! Trouxe um conteúdo e uma visão nova de produção e criação. Essa temática foi inserida no meu trabalho pedagógico.[112]*

Esse relato de Cristiane nos faz refletir sobre a valorização das experiências alheias, analisando as ações dos alunos e incentivando-os ao trabalho como processo criativo. Essa é uma reflexão de grande relevância para incentivar a criatividade dos alunos e também dos próprios docentes. Ao assumir quanto ficou surpresa com o potencial dos alunos, a professora destaca quanto foi motivada a pensar a inserção da animação em seus trabalhos futuros, o que denota o desejo de ressignificar a si e seu trabalho, um trabalho criativo, portanto.

Notamos que Cristiane se mostrou disposta a participar do projeto, a compreender as necessidades da turma e a acreditar no potencial desses alunos. Tanto em si mesma quanto nos estudantes, o processo criativo amplificou-se. O resultado positivo acontece em virtude das atividades planejadas, estruturadas e dialogadas de modo a propiciar a aprendizagem

---

[112] Cristiane, 2018, diário de campo da pesquisadora.

de conteúdos curriculares, da animação e do mundo. O trabalho docente de Cristiane e a abordagem metodológica utilizada por ela e pela professora Maria de Fátima possibilitaram a criação de animações que integraram o conhecimento de diferentes disciplinas da área de Linguagem e Arte, ampliando o repertório cultural dos alunos.

Se o trabalho é definidor do ser social e nosso próprio potencial para modificar o mundo, recriando-o, para nos tornarmos criativos, precisamos dominar os mecanismos externos, as técnicas com as quais agimos sobre a natureza e o mundo, visto que

> A gênese da criatividade é cultural e, desse modo, é inteira-mente dependente da apropriação da cultura existente. Nesse sentido, a criatividade não é um fenômeno orgânico nem um potencial individual inato ou que se desenvolve como fruto de interações espontâneas com o ambiente cultural. Caso assim fosse, a educação escolar promoveria pouco ou nada o desenvolvimento da imaginação e da criatividade (Ostrower, 1987, p. 54-55).

Logo, além do domínio da técnica, a criação em arte requer que esse conhecimento técnico dialogue com experiências acumuladas pelo sujeito.

Há, ainda, outro viés para o qual devemos atentar nessa discussão. Retomar à surpresa dos alunos com as habilidades de desenho da professora Cristiane ajuda-nos nisto. Cristiane não é professora de Arte, mas, ainda assim, mostrou saber desenhar. A surpresa dos discentes estava associada ao fato de que não é comum que professores de outras disciplinas que não Arte se expressem por meio de outras linguagens, como desenho, canto, pintura, entre outras. A admiração dos alunos ao virem as habilidades de desenho de Cristiane, uma professora dos anos iniciais do ensino funda-mental, relaciona-se com o que destaca Ostrower (1987, p. 39-40):

> O vício de considerar que a criatividade só existe nas artes deforma toda a realidade humana. Constitui uma maneira de encobrir a precariedade de condições criativas em outras áreas de atuação humana, por exemplo na da comunicação, que hoje se transformou em meros meios sem fins, sem finalidades outras do que comerciais. Constitui, certamente, uma maneira de se desumanizar o trabalho. Reduz o fazer a uma rotina mecânica, sem convicção ou visão ulterior de humanidade. Reduz a própria inteligência humana a um vasto arsenal de informações "pertinentes", não relacionáveis entre si e desvinculadas dos problemas prementes da huma-

> nidade. Nessas circunstâncias, como poderia o trabalho ser criativo? Pois não só se exclui do fazer o sensível, a participação interior, a possibilidade da escolha, de crescimento e de transformação, como também se exclui a conscientização espiritual que se dá no trabalho através da atuação significativa, e sobretudo significativa para si em termos humanos.

A obrigatoriedade da disciplina de Arte como componente do currículo (Art. 26 da LDB[113] 9.394/1996) é decorrência de lutas e engajamento de profissionais da área. Historicamente, a arte vem sendo situada no patamar da criatividade, do não trabalho, do entretenimento e da contemplação, como se a criação não fosse trabalho ou não pudesse ser entendida como serviço. Nessa visão, a arte seria apenas obra de especialistas que dominam a técnica, o que lhe daria um caráter meramente repetitivo, mecânico, e não humanizante, criativo.

Além disso, o trabalho criativo não poderia ser entendido como labor, pois, no senso comum, guiado pelo modo de produção capitalista, o trabalho é reduzido às atividades remuneradas. Nesse sistema, o trabalho tornou-se duro, engessado, apenas uma obrigação, como se não houvesse espaço para as habilidades técnicas com as quais nossas experiências "conversam" livremente e, por essa liberdade, ajudam a desvelar nosso potencial criativo.

Todavia, a arte e o ato criador são trabalho, conforme argumenta Ostrower (1987, p. 31), ao desfazer reducionismos equivocados:

> Em nossa época, foi bastante difundido este pensamento: arte, sim, arte com obra de circunstância e de gosto, mas não arte como engajamento de trabalho. Entretanto, a atividade artística é considerada uma atividade sobretudo criativa, ou seja, a noção de criatividade é desligada da ideia de trabalho, o criativo tornando-se criativo justamente por ser livre, solto e isento de compromissos de trabalho. Na lógica de tal pensamento, porém, o fazer que não fosse "livre" careceria de criatividade, passaria a ser um fazer não-criativo. O trabalho em si seria não-criador. Evidentemente, não é esse o nosso critério.

Essa passagem nos ajuda a entender a origem da desconfiança em relação ao trabalho docente com animação que paira na comunidade escolar. A desconfiança demonstrada por colegas das professoras envolvidas

---

[113] O ensino de Arte foi incluído no currículo na LDB de 1971, com o nome de Educação Artística, que, no entanto, era concebida como atividade educativa, e não como disciplina. A obrigatoriedade de ser um componente curricular foi instituída somente com a LDB de 1996, por meio de manifestos e lutas de professores da área para a permanência da disciplina.

nesta pesquisa, pelos próprios alunos e seus familiares parte da ideia de que, sendo a animação uma expressão artística, nem trabalho ela poderia ser, pois, socialmente, foi retirada da arte e da criação artística a noção de que ela também é um trabalho. A arte — e o trabalho com animação, por consequência — seria atividade de "desocupados", portanto.

Diante dessas visões equivocadas, ainda hoje, para serem menos marginalizados no ambiente escolar, professores de Arte buscam embasamento teórico-metodológico, além de conhecimento das técnicas necessárias para sua formação, pois são desacreditados por colegas e alunos como se no conhecimento técnico não estivesse implícito também um conhecimento intelectual. Eles precisam constantemente provar que são competentes nesta dimensão, como se ela não estivesse vinculada ao trabalho criativo.

Conforme entendemos, há, nessa interpretação, uma desvinculação entre técnica e criação, uma falsa hierarquia entre intelecto e expressão artística, a qual não é considerada conhecimento por aqueles que creem que a arte não é ciência. Nessa interpretação equivocada, os profissionais da arte saberiam apenas desenho e/ou pintura, situando essas linguagens como sinônimos de arte; logo, atribuição exclusiva do professor desse componente curricular, e não de uma professora que rege uma sala de aula nos anos iniciais do ensino fundamental, como Cristiane.

Entretanto, é importante compreendermos que o trabalho do docente de Arte, diretamente ligado com as técnicas, também possui fundamentações teóricas histórico-culturais que compõem sua formação profissional, independentemente de seu caráter teórico ou prático. Essas duas dimensões não se desvinculam uma da outra, e são necessárias à educação em Arte. Vivenciar a arte como obra e como área de conhecimento possibilita ir além dos aspectos emocionais; inclui a contemplação que perpassa habilidades técnicas e também criativas. Quando todos esses aspectos ganham relevo no estudo da arte, podemos ajudar o aluno a encontrar a sua própria catarse "e só então o efeito da arte se manifestará em sua plenitude" (Vigotski, 1999, p. 314).

Todavia, sublinhamos que a expansão do potencial criativo dos alunos não se dá apenas com a inserção da animação como conteúdo de Arte — o que ocorre nos livros do quarto, quinto e nono ano do ensino fundamental como também no terceiro ano do ensino médio. Isso porque, conforme relato de professores participantes de formação para o uso dessa linguagem nos quais esta pesquisadora atuou, se não há o domínio da técnica de animação, o docente faz uma abordagem generalista sobre a temática. Ela acaba sendo discutida como forma de introduzir o assunto cinema, o que, reiteramos, é equivocado.

Os processos técnicos e criativos da animação estão associados a um produto, principalmente em sala de aula. A ideia de animação já exige pensar em um resultado concreto, um objeto do audiovisual. A animação não se faz somente no plano das ideias. Na educação, como já visto, pelas inúmeras cobranças a que os docentes que trabalham com essa linguagem com os alunos, a animação não se sustenta nem no plano da experimentação. Embora seja possível, a abordagem experimental não supre a necessidade de se apresentar um filme, um produto, uma materialidade para a comunidade.

## 5.3 Animação e autonomia: limites e possibilidades

O termo "autonomia" é um conceito, estado ou condição amplamente discutida no pensamento freireano, imbricado ao processo de ensino-aprendizagem, no qual a autonomia é de grande relevância, para docentes e discentes. A autonomia é desenvolvida na educação, mas de forma limitada, pelo fato de que os processos educativos ainda são intensamente perpassados por práticas tradicionais. Essa afirmação toma como base a prática desta pesquisadora e também as observações realizadas nas salas de aula das três docentes que trabalham com a animação com os estudantes.

Como vimos nos tópicos anteriores, o professor atua em meio a processos institucionalizados que buscam organizar a escola; a análises pedagógicas pautadas em mecanicismos com os quais as concepções dos familiares já foram contaminadas — também porque os próprios pais foram educados com práticas tecnicistas. Tudo isso produz limites quanto aos métodos e às abordagens curriculares, impondo barreiras à própria equipe pedagógica, aos docentes e à curiosidade do educando. A consciência sobre esses limites pode ampliar caminhos para a superação do paradigma tradicional, de modo a explorarmos outras possibilidades rumo à educação autônoma.

Diante das limitações apontadas, quando ouvimos professores afirmando que são "autônomos" em suas salas de aula, entendemos que se trata de uma falsa autonomia. Assim consideramos, pois esse professor trabalha com base no currículo, no livro didático, entre outras instâncias limitadoras que a própria escola estabelece.

A escola é um espaço regulado por regras fixas e rígidas. Entretanto, a autonomia não significa ausência de regras, uma autorização deliberada para que qualquer ação seja realizada. Mesmo com tais regras, é possível dar ao aluno a possibilidade de explorar os conteúdos guiados por sua curiosidade, tendo o professor como alguém que o acompanha, mas que não poda sua postura crítica, que lhe permite fazer escolhas de como melhor agir para aprender.

Em função disso, entendemos também que, para que a escola promova a autonomia dos estudantes, o professor precisa ter consciência do seu papel na educação. Isso implica compreender que há limites, mas tentar superá-los, tentar rompê-los, sabendo que isso nem sempre é possível no tempo escolar. A autonomia no processo de aprender, segundo compreendemos, tem efeitos que extrapolam o ambiente escolar, pois reverbera em outros âmbitos da vida do aluno. Por isso, a educação precisa ser vista além da escola, um processo que alcança o estudante em suas várias dimensões, emancipando-o.

A superação dos limites dá-se pela criação de formas alternativas para ampliar o conhecimento. Isso ocorre, por exemplo, quando aproximamos o conteúdo escolar da realidade dos alunos, visto que

> [...] a leitura do mundo precede sempre a leitura da palavra e a leitura desta implica a continuidade da leitura daquele. [...] este movimento do mundo à palavra e da palavra ao mundo está sempre presente. Movimento em que a palavra dita flui do mundo mesmo através da leitura que dele fazemos. De alguma maneira, porém, podemos ir mais longe e dizer que a leitura da palavra não é apenas precedida pela leitura do mundo, mas por uma certa forma de "escrevê-lo" ou de "reescrevê-lo", quer dizer, de transformá-lo através de nossa prática consciente (Freire, 1989, p. 13).

Esse diálogo com Freire (1989) sublinha para a escola a necessidade de darmos maior atenção ao que ocorre no seu exterior, promovendo a conexão dos conteúdos curriculares aos contextos a fim de alcançar uma aprendizagem mais significativa, porque pode ampliar a compreensão do aluno sobre o mundo para, assim, poder reescrevê-lo.

Conforme observamos neste estudo, as três docentes com as quais ocorreu a produção de dados, e, ainda, suas parceiras, reescrevem o mundo tendo a animação como interface. Com essa linguagem, a produção do conhecimento ocorre pela imaginação, pelo imaginário e pelo coletivo. A compreensão de mundo, seja por parte dos professores, seja por parte dos alunos, dá-se por meio de seus contextos, do entorno, da realidade, em busca de uma transformação consciente e responsável.

Pensarmos o contexto leva-nos, também, a pensar o coletivo, o que possibilita múltiplos olhares, principalmente na temática da animação. É por meio da construção coletiva que uma animação se constitui. Não que não seja possível criá-la com o trabalho individual. Isto, no entanto, não dá ao animador a oportunidade de troca e ampliação das experiências, que são fatores que podem enriquecer a animação, embora o público que vai acessar o resultado não perceba isso. O trabalho coletivo, ao contrário, pelo seu caráter dialógico, amplia possibilidades — sobre temática, elementos técnicos e criativos — valendo-se de outras visões.

Outro fator que dá relevo ao coletivo é que a animação é produzida para ser vista e contemplada. Logo, animação é um processo dialógico. Com ela, é possível abordar a diversidade de pessoas, de vozes, de espaços, de comportamentos, de pensamento, em um diálogo colaborativo, em conjunto, na construção das parcerias, promovendo a práxis, a ação e a reflexão sobre todo o processo.

Entendemos, também, que animação transforma as percepções de mundo e visual, de construção do sujeito e do conhecimento. Além disso, sublinha aos alunos que ele não é mero espectador. Isso porque, com a criação de animações, alunos e professores têm a possibilidade de escolher o roteiro, a cena, os personagens, a montagem, a edição. Essa postura participativa não é requerida quando ligamos a TV, visto que, mesmo tendo plataformas que permitem a escolha de filmes, estas já passaram por uma pré-seleção, para a qual não fomos convidados; logo, essas escolhas não são nossas.

O trabalho docente com animação vai além de superar tendências e correntes pedagógicas dominantes na escola, como o ensino tecnicista e tradicional, pois ultrapassa seus muros; envolve todo o aprendizado que um aluno pode vivenciar sobre essa linguagem, dentro, mas também fora da sala de aula e da escola. Por exemplo, os aplicativos de animação disponíveis em telefones celulares, antes restritos a computadores de mesa, permitem às crianças ver mais facilmente do que são capazes de criar. Logo, ampliam o repertório das crianças e, na escola, são aliados na construção de conhecimento com animação, pois mostram, de forma didática, como o celular pode ser usado de outras formas.

Também é importante destacar parcerias de estúdios ou museus com escolas que têm sido firmadas para o trabalho com animação com professores e alunos, ampliando o aprendizado de ambas as partes sobre essa linguagem. Além disso, nota-se a presença de animações mercadológicas em sala de aula, que também podem ser trabalhadas na perspectiva da produção de conhecimento.

Ao introduzir as animações comerciais na sala de aula, o professor precisa ressaltar aos alunos o caráter de geração de capital a que o animador profissional deve atender, ainda que ele faça animação visando ao entretenimento ou, a contar pelas produções dos últimos anos, promover reflexões comportamentais, que se aproximam da psicologia. Nesses filmes, o "recado" é dado; a ocorrência das mudanças vai depender da plateia, sem que o animador precise acompanhá-la ou avaliá-la, para ver se a transformação pretendida aconteceu.

Apesar dessa distinção, como todo trabalho humano, o que é desenvolvido pelo animador possui sua intencionalidade, assim como o dos educadores que fazem uso da animação. A função de docente aborda a animação na sua natureza dual, mercadológica e como produto artístico, a qual se associa a uma perspectiva criativa e humanizada, que promove maior ampliação do conhecimento.

Por isso, em sala de aula, apenas exibir animação sem promover a reflexão pode servir meramente para reforçar o caráter alienador, conforme opinam as docentes participantes deste estudo. Maria de Fátima, Raquel e Rebeka avaliam a relevância de selecionar as animações com base em critérios de classificação quanto à idade, mas não só. É preciso estar atento, ainda, à carga dramática, à adequação ou não ao desenvolvimento dos alunos, que são aspectos não descritos na ficha técnica dos filmes; logo, exigem a mediação docente.

Nas plataformas midiáticas que distribuem animação, as crianças não contam com esse mediador para com elas promover uma reflexão. Além disso, os filmes de animação ali exibidos estão, em sua maioria, relacionados a subprodutos, cujo consumo aumenta à medida que aumenta a exibição dessas animações. Esses subprodutos assumem forma de cadernos, mochilas, lápis de cor, bonecos, roupas etc. Mesmo nas escolas públicas, nas quais a renda dos alunos é mais baixa, esses itens são bastante difundidos. Ainda que vinculada a um viés mercadológico, a presença da animação nesses subprodutos pode ser usada na perspectiva da produção do conhecimento quando, com base neles, o professor cria uma perspectiva diferenciada e que usa a animação em sua natureza artística.

Ainda, o uso da animação em sala de aula desenvolve a capacidade de reflexão nos estudantes, além dos aspectos de modelagem, criação de histórias e personagens, habilidades para edição, entre outras. O estudante passa a pensar no que está produzindo e criando. Não é um mero receptor, pois está envolvido em um processo criativo. Participa de toda a criação de uma produção artística, paralelamente à qual, apesar da desconfiança de alguns de que isso não ocorreria, ele se aproxima, indaga-se e aprende os conteúdos curriculares.

A animação também tem se mostrado uma linguagem importante para aproximar as famílias do processo educativo dos filhos, quando elas se dão conta de que o trabalho docente com essa linguagem permite aos alunos aprender mais. A exibição dos filmes produzidos pelos alunos também aproxima a família da escola, formando uma rede de apoio e parceria. Assim, o conhecimento produzido pela animação não fica restrito ao espaço e ao tempo da sala de aula; pode ser ampliado, vivido e experienciado, visto que

> [...] não é possível fazer uma reflexão sobre o que é educação sem refletir sobre o próprio homem. [...] comecemos por pensar sobre nós mesmos e tratemos de encontrar, na natureza do homem, algo que possa constituir o núcleo fundamental onde se submete o processo de educação. Qual seria este núcleo palpável a partir de nossa própria experiência existencial? Este núcleo seria o inacabamento ou a inconclusão do homem (Freire, 1983, p. 27).

O professor, por seu lado, passa a aprender a respeitar o que o estudante já traz consigo, seus interesses. Assim, além de abarcar aprendizagens curriculares, a animação permite tomar o contexto cultural e social do aluno como ponto de partida, valorizando conhecimentos que incluem desde as habilidades técnicas até as criativas que ele já possui. Para isso, as abordagens usadas no processo educativo precisam permitir a exploração dessas experiências e vivências, de modo a sublinhar para os alunos sua relação com o conhecimento científico.

Com a animação, o docente percebe as afinidades dos estudantes com as tecnologias e, também, as dificuldades que ela pode representar para eles:

> *Nossos alunos gostam muito de celular. Eles falam o tempo todo sobre as redes sociais. Comentam sobre os assuntos da televisão e quando vêm para o laboratório de informática querem jogar. Aqui, mostramos a eles que eles podem usar os jogos educativos para auxiliar na aprendizagem. Eles gostam, mas mais ainda*

> *quando há internet e eles podem escolher os próprios jogos [...] alguns manuseiam bem o computador, mas os alunos de situação econômica mais simples são os que apresentam maior dificuldade. Com o celular é um pouco diferente, pois mesmo os que não têm o aparelho já usaram ou veem os pais usando.*[114]

Em entrevista individual (2018), na avaliação de Maria de Fátima, o trabalho com animação lhe dá uma outra visão sobre o estudante, porque também aprende com eles; por isso, a professora Raquel argumenta que "*O professor precisa estar aberto às mudanças para poder trabalhar com animação*".

Por sua vez, a professora Rebeka, também em entrevista individual (2018), destaca que a animação proporciona ao docente uma interação mais intensa com os estudantes: conforme a docente, o diálogo amplia-se quando ela trabalha com animação, muito mais do que quando explora outros assuntos na aula de Arte, disciplina pela qual é responsável. Isso pode se dar em função de esta ser a linguagem com a qual os alunos mais têm contato, o que motiva conversas, até mesmo, em momentos fora da sala de aula.

Apesar dos ganhos na interação, Rebeka avalia que o trabalho docente com animação é complexo, visto que, no seu caso, falta-lhe domínio dos aspectos tecnológicos (uso de computador, softwares de edição; para o uso destes, ela recorre a familiares), e a carga horária destinada a sua disciplina é bem reduzida (1 hora por semana).

> *A animação está no conteúdo de Arte, mas é um assunto complexo, porque não são todos que dominam. Muitas vezes, inserimos ele dentro do conteúdo de cinema. No meu caso, quando eu trabalho com animação, fico na minha zona de conforto, que é o flipbook, que envolve desenho, sem o uso de outros mecanismos de tecnologia digital.*[115]

Os trabalhos aqui mencionados oferecem aos estudantes oportunidades para que reflitam, exercitem-se e ampliem seu potencial criativo, ações que vão de encontro à indústria cultural. Estudada pelos filósofos alemães Theodor Adorno e Max Horkheimer, a indústria cultural refere-se aos impactos dos avanços tecnológicos proporcionados pela Revolução Industrial e o capitalismo no universo da arte (Adorno; Horkheimer, 1947), priorizando a técnica e a busca por seduzir seu espectador (Adorno; Horkheimer, 1985).

---

[114] Maria de Fátima, 2018, entrevista individual.

[115] Rebeka, 2018, entrevista individual.

MEDIAÇÕES DO CINEMA DE ANIMAÇÃO NO TRABALHO DOCENTE

A produção em massa, aspecto basilar do modo de produção utilizado nas indústrias, foi ampliada para o universo da arte e cultura. A princípio, é possível pensar que essa associação promoveria maior acesso aos bens culturais. No entanto, tais instrumentos são utilizados para influenciar o modo de produção dos artistas, estabelecer um pensamento dominante e hegemônico, "sugestões" midiáticas que podem moldar os espectadores que passam a consumir esses bens. As definições de Adorno e Horkheimer (1947) mostram-nos que os mecanismos do capital levam à padronização, ao consumo acrítico, tendo o lucro como objetivo primordial. Para tal, criam-se esquemas, normas segundo as quais o público acredita necessitar da produção, e vê-la é sua única opção.

A animação está imersa em concepções da indústria cultural, pois vincula-se diretamente à produção para as massas; por exemplo, com os desenhos animados criados em larga escala, que visam ao mercado midiático e às grandes telas de cinema. É uma linguagem de fácil compreensão, que atrai público e faixa etárias diversas, tornando-se alvo dos procedimentos do capitalismo.

Em pesquisa que discute a animação e a indústria cultural, Sten (2020, p. 99-100), relata que

> [...] a mediação entre a sensibilidade e o conhecimento é o esquematismo. A subtração do esquematismo pela indústria cultural impossibilita a capacidade de imaginação criadora do indivíduo. Ao perder sua capacidade de imaginar e, simultaneamente, tornar-se inventivo, o ser humano está fadado a permanentemente se limitar aos sentidos já dados pelas mercadorias da indústria cultural. Assim, a indústria cultural promove a produção cíclica da mesmice, em que imperam os clichês; pois nela não se faz arte e, sim, negócio – lógica que líquida a obra de arte, a qual outrora era "veículo de ideias". Esse estado de coisas não só tende à atrofia da imaginação como promove a paralisia da atividade intelectual.

A autora faz-nos refletir sobre os impactos da massificação do conhecimento nos processos imaginativos, o que afeta diretamente as questões criativas, cuja importância para o desenvolvimento humano foi ressaltada por Vigotski (2009a, 2009b). Por isso, o trabalho docente com animação precisa prover possibilidades de escape dos comportamentos dados pela indústria·cultural.

Não se trata de privar os estudantes de basear seu processo de criação em inspirações no real, mesmo sendo estas elementos padronizados para a massificação de gostos e saberes, como uma cultura dominante. Essa foi a opção das docentes Maria de Fátima e Cristiane, pois o receio maior de ambas era podar os estudantes no que estavam fazendo. Nessa perspectiva, incentivaram que os alunos, em vez de reproduzirem seus personagens favoritos, criassem os seus ou se representassem como heróis. Ainda que o viés da indústria cultural tenha sido notado em algumas situações — por exemplo, em atividades como a criação de personagens inspirados nos que integram animações exibidas nas salas comerciais (como na animação de *The Heroes*, que faz alusão aos super-heróis preferidos dos discentes), ao mesmo tempo, o uso desses elementos permitiu aos alunos entender os processos de produção e fazer suas animações por meio de desenhos com traços simples.

A "tese" do animador Walter Tournier, conforme exposto, é de que a educação cerceia a animação. Todavia, entendemos que esta é alvo de cerceamento pela dinâmica da indústria cultural, que a submete à lógica do mercado. Assim, tal como no ambiente escolar, a animação feita pelos animadores profissionais também é tolhida na criação, pela imposição de padrões e pelo uso de uma estética mais rebuscada, por exemplo.

Na animação criada no ambiente da sala de aula, as questões sobre estética também precisam ser pensadas, apesar da complexidade que isso envolve. Nas salas comerciais e na TV (aberta ou não), estamos acostumados com filmes de animação que primam por uma técnica e por uma exibição de imagem agradável aos olhos. Na sala de aula, por outro lado, as animações são criadas com materiais alternativos. Muitas vezes, o resultado mostrado na tela traz imagens desfocadas e/ou de baixa resolução, personagens mais estilizados, iluminação inapropriada etc. Tais características foram observadas nas produções das docentes colaboradoras desta pesquisa e seus respectivos alunos.

Logo, não há como comparar as condições e concepções estéticas produzidas em sala de aula com as produções das salas comerciais de cinema, também porque, conforme argumenta Vigotski (2009b), não há como comparar as criações de crianças e adultos. Porém, ao incentivar o aluno a criar suas próprias animações, a refletir sobre o que vê, o professor pode trabalhar com base na educação estética, a qual aborda a criação na infância e acontece pelo acúmulo de experiências adquiridas, em consonância com a perspectiva defendida por Vigotski (1999). Ademais, a educação estética passa pelo aprendizado de habilidades técnicas que permitirão vivenciar e experienciar a obra de arte e aguçar os sujeitos a criar imagens, reelaborá-las e também associá-las às experiências sociais.

Ao refletirmos sobre educação estética e sua relação com as experiências sociais, sinalizamos a importância da consciência do professor, a qual, de acordo com Freire (1979, 2018), é condição para a autonomia do aluno e para a ampliação de seu repertório cultural e estético. Na animação em sala de aula, esse repertório se amplia pela mediação docente e também dos materiais de cunho tecnológico, como o celular e o computador, a massa de modelar e os recortes. Tais materiais também passam por ressignificação e transformação (de tridimensionais a um produto audiovisual), diferindo-se dos corriqueiramente usados no ensino fundamental, como o caderno, o lápis, o livro didático e o quadro. E é pela mediação que tais materiais são potencializados para a construção do conhecimento e para ampliar a imaginação.

No caso das animações produzidas em 2018 pelos alunos de Maria de Fátima, Raquel e Rebeka e suas parceiras, a concepção estética estava, também, sob a influência da faixa etária, condições estruturais de espaço para produção, coordenação motora dos alunos, componentes curriculares e situações cotidianas e do imaginário dos alunos. Por exemplo, na ausência de tripé, para deixar a câmera estática, a professora Raquel e seus alunos fixaram o celular à mesa com fita adesiva para captar a imagem aérea do cenário que estava montado no chão (Figura 14).

Figura 14 – Celular preso à mesa com fita adesiva para produzir imagem aérea do cenário

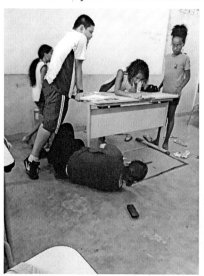

Fonte: registro da pesquisadora (2018)

Ao mesmo tempo que a falta de estrutura e de materiais adequados fosse limitante, também possibilitou as condições para que os discentes experienciassem a animação como um processo de produção de conhecimento. Esta também se dá pelo debate sobre animação na sala de aula, fundamental para não tornar a linguagem vazia, que não suscita a criticidade. Nesse ponto, os festivais e os museus de animação têm dado grande contribuição, pois, como pudemos perceber no capítulo 4, conduzem-nos a dialogar com a linguagem, no âmbito da técnica, da arte, do mercado e da educação. Contribuem, desse modo, para equilibrar as visões sobre animação como arte e como produto mercadológico. A participação dos docentes nesses debates também pode ampliar seu repertório sobre a linguagem, como tem ocorrido com a professora Raquel, que submeteu a animação produzida por alunos a um desses eventos.

Ampliando a discussão sobre as distinções características dos estúdios e da sala de aula no que diz respeito aos materiais usados, podemos afirmar que, se a escola contasse com materiais e espaços apropriados para o trabalho com essa linguagem, a qualidade estética dos trabalhos seria ainda melhor. No entanto, a professora Raquel questiona-se se, em condições mais otimizadas, o *"aprendizado, o processo de criação, as inúmeras ideias para construir a animação, ainda assim, aguçariam tanto a imaginação"* dos alunos:

> *Seria maravilhoso termos massinha de modelar para fazermos todos os nossos personagens e cenários. Ter papéis à vontade, tempo em sala de aula [...]. Mas me pergunto se eu conseguiria estimular meus alunos a criar tanto como eles tem criado. Olha o que eles fizeram! [Sentimento de admiração.] [...] Não estou me conformando com o pouco que temos em escolas públicas, não é isso. Mas trabalhar com materiais alternativos ajuda a criar. Percebo que, quando coloquei todos aqueles brinquedos, aquelas roupas e objetos espalhados na sala de aula, nenhum de nós imaginamos que teríamos um resultado tão bom. Eu os motivei a pensar, a refletir e a criar um roteiro, mas as ideias foram deles. Eles deram vida a cada material.*[116]

A docente destaca a curiosidade não como um ganho que dispensa a melhoria desses recursos, mas como um cenário em meio ao qual a curiosidade persiste e pode ser aguçada pela mediação docente e de objetos,

---

[116] Raquel, 2018, entrevista individual.

levando o aluno a buscar respostas e, nisto, exercitar-se no processo de criar conhecimento. O questionamento da docente remonta-nos a Freire (2018, p. 54), para quem:

> Entre nós, mulheres e homens, a inconclusão se sabe como tal. Mais ainda, a inconclusão, que se reconhece a si mesma, implica necessariamente a inserção do sujeito inacabado num permanente processo social de busca. Histórico-sócio-culturais, mulheres e homens nos tornamos seres em quem a curiosidade, ultrapassando os limites que lhe são peculiares no domínio vital, se torna fundante da produção do conhecimento. Mais ainda, a curiosidade é já conhecimento. Como a linguagem que anima a curiosidade e com ela se anima, é também conhecimento e não só expressão dele.

A busca docente por uma educação libertadora e que emancipe o aluno em meio a condições que, mesmo sendo precárias, não tolham a curiosidade do aluno requer que estejamos em estado de alerta quanto aos ideais defendidos veladamente em algumas políticas e discursos. Um deles se esconde no uso do termo "reinventar", que emerge com as novas proposições curriculares da Base Nacional Comum Curricular. Frequentemente, esse termo é associado a ações desenvolvidas por professores que buscam escapar à lógica tradicional. Essa postura docente, a qual pode ser a do professor que, apesar das condições limitantes, arrisca-se a experimentar a linguagem da animação com seus alunos, encontra lugar na visão de Habermas (1982, p. 17), para quem

> O educador deve ser um inventor e um reinventor constante dos meios e dos caminhos com os quais facilite mais e mais a problematização do objeto a ser desvelado e finalmente apreendido pelos educandos. Sua tarefa não é a de servir-se desses meios e desses caminhos para desnudar, ele mesmo, o objeto e, depois, entregá-lo, paternalisticamente, aos educandos, a quem negasse o esforço da busca, indispensável, ao ato de conhecer.

Todavia, na contemporaneidade e, especificamente, para os órgãos reguladores da educação e organismos a eles associados, "reinventar" parece acrescentar ao professor um ônus que supera, em muito, suas responsabilidades. Refere-se à transferência, para o docente, de obrigação do Estado em garantir uma educação de qualidade, com formação e estrutura adequadas. Nessa lógica, a responsabilidade e a omissão estatais passam a ser vistas como responsabilidade individual do professor.

As interpretações a seguir, apresentadas no âmbito do grupo de estudo Leituras Benjaminianas[117], desvelam com mais força o que o termo "reinvenção" vem ocultando:

> *Reinventar é um termo, é uma ideia, é um apelo que tem sido feito aos professores para que eles possam não deixar de lado os planos do capital e seguir com a agenda das funções da burguesia e continuar o seu trabalho [...]. Ouvimos: "Reinvente-se! Faça do jeito que conseguir. Continue vencendo o currículo nacional". [...] Todos nós queremos nos reinventar, renovar nosso modo de ser, atualizar nosso modo de ser. A gente não quer ficar parado igual água de poço [...]. A gente quer melhorar cada vez mais. Mas em nome do que estamos fazendo essa reinvenção? [...] Esses termos são modos de adaptação ao que está posto [...] e foram colocados na ordem do discurso por uma perspectiva educacional hegemônica que quer que a gente se adapte às necessidades que são postas pelo sistema produtivo.*[118]

Em semelhante linha de pensamento, Samira Sten (2021) acrescenta que:

> *Esse reinventar acaba se tornando uma responsabilidade para o professor. Ele que tem que dar conta de pensar algo novo. É uma característica neoliberal, onde o sujeito precisa ser responsável por resolver [...]. Como pensar em reinventar, se o problema é muito mais estrutural do que metodológico?*

É comum ouvirmos docentes e equipes pedagógicas repetindo o termo "reinvenção", em uma perspectiva do lúdico, do diferente do que frequentemente se faz em sala de aula, mas as análises de Chaves e Sten ressaltam a necessidade de compreendermos alguns termos dentro dos seus respectivos grupos e domínios, visto que podem assumir sentidos diferentes e, muitas vezes, perversos. Sendo assim, é preciso despirmo-nos de ingenuidade e entendermos a ressonância política que recai sobre o processo educacional.

Em face dessa omissão, como vimos neste capítulo, os profissionais da escola veem-se na obrigação de buscar formas que, até mesmo, fogem à dinâmica da boa Administração pública: inexistindo materiais adequados para o trabalho com a animação, os professores fazem acordos informais

---

[117] Grupo formado em 2020, composto por professores de diversas instituições, como UFES, Instituto Federal do Espírito Santo e redes públicas municipais de educação, focados na leitura de textos de Walter Benjamin e seus intérpretes, buscando compreender seus conceitos na atualidade. O grupo prioriza o tempo de debate e, por essa razão, optou por um número limitado de participantes (em 2021, 6).

[118] Priscila Chaves, 2021.

com escola vizinha para garantir seus projetos. O correto seria que todas as escolas tivessem materiais suficientes durante todo o ano letivo para poder criar, e não "reinventar-se" para suprir lacunas deixadas pela administração estatal.

A BNCC[119] trouxe a necessidade de realinhamento e reestruturação dos currículos. Tenta abordar situações cotidianas e insere a cultura visual e as tecnologias, além dos conteúdos das disciplinas. Em tese, abre espaço para uma educação que toma o aluno como protagonista, mas não garante meios para seu cumprimento. Os processos formativos que acompanham a proposta têm se demonstrado ineficazes e/ou insuficientes, seguindo pelo caminho do capital e da indústria dos livros didáticos[120].

Ainda que não esteja explicitamente mencionada na Base Nacional Comum Curricular (Brasil, 2018), a animação apresenta-se nas concepções curriculares do ensino de Arte, quando o documento aborda o cinema e o pré-cinema. A animação é tema presente nos livros didáticos do quarto e do quinto ano do ensino fundamental, bem como no ensino médio, os quais são moldados dentro das perspectivas fundantes da BNCC, a saber, a do lucro sobre os produtos educacionais, visto que tal documento incentiva o uso de tecnologias digitais, o qual direciona softwares e materiais de apoio.

A preocupação no que tange à BNCC e ao trabalho com animação diz respeito ao fato de que, conforme preconiza tal documento, os trabalhos educacionais com animação devem exigir um produto. Além disso, no ensino fundamental, a BNCC aborda a área de Linguagens situando a Arte como uma modalidade, o que vai de encontro às concepções artísticas, nas quais a arte é campo de conhecimento. Outro aspecto que, no nosso entendimento, enfraquece a Arte, não apenas com implicações curriculares, mas, principalmente no que se refere a aspectos conceituais, é descrevê-la conforme questões emocionais, o que já está superado pelos profissionais da área.

---

[119] Na disciplina de Arte, a BNCC traz uma perspectiva de polivalência, abrangendo múltiplas linguagens. Contudo, o trabalho com essas linguagens requer professores com formações específicas, o que não está previsto no documento. As autoras destacam, ainda, que "o interesse em apontar alguns entraves na implementação da BNCC para o componente curricular Arte não é somente para destacar os problemas [...] as orientações pedagógicas da BNCC necessitam ser debatidas, analisadas e criticadas no processo de formação docente nos cursos de Licenciatura e outras instâncias, com vistas a construir propostas pedagógicas ou curriculares que se coadunem com as realidades de cada região" (Pimentel; Magalhães, 2018, p. 230).

[120] Antes da aprovação da BNCC, ainda nos debates, muitos livros didáticos já dialogavam com o que esse documento propõe. Esses livros eram adquiridos pelo Ministério da Educação (MEC) e difundidos nas escolas. Há uma escolha dos docentes para esse material, no entanto essa escolha está pautada por uma seleção previamente realizada pelo MEC com as editoras.

Por fim, destacamos que, em 2021, a equipe responsável pela parte de Arte nos livros com a vertente integradora que abrangem a área de Linguagens era formada, em sua maioria, por profissionais de marketing e de comunicação, além de trazer uma visão polivalente da arte, como a expressa sugestão destacada a seguir, a qual não condiz com a realidade nem com as diretrizes da própria disciplina:

> Atividades que facilitem um trânsito criativo, fluido e desfragmentado entre as linguagens artísticas podem construir uma rede de interlocução, inclusive, com a literatura e com outros componentes curriculares. Temas, assuntos ou habilidades afins de diferentes componentes podem compor projetos nos quais saberes se integrem, gerando experiências de aprendizagem amplas e complexas (Brasil, 2018).

Não cabe, neste estudo, uma análise da BNCC, mas discutir o modo como a Arte é tratada nesse documento reduz seu potencial, tornando-a operacionalizada, reduzindo o conhecimento a competências e habilidades e pulverizando-a em meio às outras disciplinas.

O leitor pode se perguntar a relação entre isso e o trabalho docente com animação. Ora, a animação é uma linguagem artística que surgiu do viés científico, pelos brinquedos ópticos, criados para a compreensão da imagem em movimento, a qual, atualmente, tem se popularizado em sala de aula para compor os processos de aprendizagem. Sendo assim, se o professor não compreender o caráter dual da animação — como arte e como mercado —, correrá o risco de intensificar a inserção da cultura de massa e as concepções de lucro na escola, em que a animação precisa ser tratada como arte, dado o seu potencial criador, visto por meio das produções das professoras participantes deste estudo e seus alunos.

Tendo isso em vista, o conceito de "reinvenção" precisa ser analisado pelo docente entre seus pares, de forma consciente, buscando com mais rigor a presença e a participação dos entes federativos (União, estados e municípios) quando perceberem problemas estruturais ou de ordem da formação continuada que possam representar prejuízos não apenas para o exercício do trabalho docente, como também para a formação dos alunos e, em última instância, para toda a sociedade, beneficiária de todo processo educativo.

> As práticas artísticas contemporâneas propõem a participação do expectador como fio condutor da experiência estética. A interatividade ganha espaço não só na obra de arte, como também em outros espaços sociais, da televisão à pedagogia a participação é ressignificada (Silva, 2015, p. 5).

Em nossa interpretação, reinventar-se, renovar-se e ressignificar-se deve ser ação pautada na consciência docente e nos objetivos de aprendizagens, sem que sejam deixadas de lado as responsabilidades do Estado. Não estamos aqui defendendo a ideia de um professor desleixado, mas de alguém que não ceda às pressões sociais de se ver como super-herói, para lembrar o personagem tão conhecido no mundo da animação. Deixemos esse papel restrito às telas, visto ser ele uma realidade ilusória.

Para nós, ressignificar visa explorar as vivências e as experiências dos sujeitos envolvidos no processo educativo, dando-lhes repertório para a imaginação; logo, para o ato de criar, de superar padrões. Reinventar dá-nos premissas de readequação de algo já existente, de ajustes, pequenas alterações; ressignificar leva-nos além das perspectivas neoliberais e de responsabilização do professor por aquilo que não compete a ele.

Por isso, ser docente em um país onde a estrutura escolar desencadeia atribuições e desgastes à carreira do professor é retomar e possibilitar novos diálogos com Paulo Freire e suas reflexões sobre a docência, as práticas pedagógicas e os aspectos humanos nela envolvidos. São muitos os processos de conscientização que o docente precisa construir ao longo de sua carreira para compreender que tipo de autonomia pode lhe ser dada.

Todavia, é fundamental compreendemos as limitações estruturais enfrentadas neste trabalho, principalmente no que compete ao processo técnico. Há uma preocupação por parte dos docentes em ensinar a técnica, e esta, apesar da falta de recursos, pode ser transmitida e explorada, promovendo o aprendizado. No entanto, os aspectos ligados à criação, aos meios e aos processos ocorrem de forma particular e singular. Em outras palavras, podem não ocorrer no momento de aula, dentro dos muros da escola, pois cada pessoa ou grupo requer um dado tempo para a externalização da sua capacidade criadora.

Por outro lado, na criação de animação, os professores não ficam limitados às questões estéticas, atuando com autonomia e reflexão, estabelecendo parcerias para, sobretudo, promover o processo criativo e de construção de conhecimento. Por isso, podemos compreender que o trabalho docente com a animação transcorre como uma rua de mão dupla, podendo ser escovado a contrapelo, como propôs Benjamin (1994).

Nesse viés, o trabalho com animação em sala de aula não tem a mesma preocupação estética que as animações comerciais; tem a atenção e o tempo do professor divididos com outras muitas atribuições; exige um produto (por parte das escolas, os colegas, por exemplo), apesar da estrutura precária e das dificuldades em estabelecer parcerias. Logo, constitui-se em um ato de resistência que, em vez de impedir a criação, leva ao protagonismo e à autonomia dos pares.

# 6

## CONSIDERAÇÕES FINAIS

A pesquisa relatada nesta pesquisa objetivou compreender os processos dialéticos do trabalho docente com a animação no que concerne às dimensões pedagógica, técnica e criativa, bem como a suas contribuições para promover a autonomia do aluno e do próprio professor.

Seu desenvolvimento deu-se com base na colaboração das professoras Maria de Fátima, Raquel e Rebeka e de suas parceiras — Cristiane, Michele e Mariana —, as quais criaram animações com seus alunos. O trabalho das docentes com animação em sala de aula em 2018 foi alvo de observação com registro em diário de campo e em áudio. Em seguida, foram realizadas entrevistas individuais com as docentes e suas parceiras, incluindo a diretora da EMEF Experimental de Vitória/UFES. Por fim, foi realizada uma roda de conversa para a devolutiva sobre os aspectos observados ao longo do processo de coleta de dados.

A seguir, destacamos os achados do estudo, tendo como base cada um dos objetivos específicos delineados. Para o objetivo específico "**Analisar as contradições, os processos e as perspectivas de aprendizagem que emergem na dinâmica do trabalho docente com a animação**", destacamos que a observação do trabalho docente com animação na sala de aula evidencia a falta de estrutura nesse ambiente, ressaltando as fragilidades do sistema educacional. Denuncia a ausência de materiais comuns utilizados na criação de animação, como papéis coloridos e massa de modelar. Nesse contexto, ainda se põe de relevo a carência de espaços amplos, salas com recursos e suporte tecnológico, com equipamentos como computadores e câmeras fotográficas.

As abordagens tradicionais de ensino estão presentes na educação básica, e não aparecem de modo velado. Pelo contrário, estão perceptíveis nas cadeiras perfiladas, mas não só; fazem-se notar em críticas e desconfiança às ações diferenciadas, como a animação. A escolha pelo uso da animação, nesse cenário, faz com que as docentes iniciem um processo de rompimento das tendências pedagógicas dominantes na sala de aula, que dão lugar a rodas de conversa, uso de espaços da biblioteca e laboratório de informática, entre outros. Isso permite dar início à desconstrução da visão dos alunos a respeito desses espaços e da forma de ensinar, que se faz não apenas pelo uso de equipamentos tecnológicos, mas pela tendência de se dar maior autonomia aos estudantes, por meio do diálogo, do questionamento, da pesquisa e da tomada de decisão.

Ainda que as docentes compreendam a relevância da animação na educação, a escolha por essa temática para o trabalho em sala de aula é conflituosa, pois são alvo de críticas dos colegas, precisam criar estruturas alternativas para dar conta da carência que a escola vivencia; devem, ainda, lidar com os discursos de que, pelo uso de recursos tecnológicos e de uma linguagem ligada ao entretenimento, elas não atuariam na produção de conhecimento.

Além disso, destacamos a necessidade de promover as interlocuções curriculares para que o trabalho com animação não ocorra apenas pelo viés do entretenimento e circunda os objetivos educacionais. Essa e as demais situações listadas geram conflitos, pois esses profissionais têm sua conduta posta em dúvida, por outros docentes, pelo corpo pedagógico, pela família e, por vezes, até pelos próprios estudantes. Isso acontece em virtude de o trabalho ser realizado em grupos e, com frequência, fora do ambiente da sala, descaracterizando situações usuais de ensino. A família, com entendimento impregnado pelo mecanicismo no qual há tanto tempo mergulhou o sistema escolar, entende, equivocadamente, que o conhecimento se restringe a atividades que constam de livros e cadernos. O descrédito dos colegas de trabalho, na mesma via, está associado à ideia de um ensino sem conexão com as demandas dos estudantes, rígido, que, por isso, não poderia conter elementos lúdicos, visto que a finalidade destes estaria resumida a entreter.

A animação exige o mínimo de habilidade técnica para seu resultado. Essas habilidades passam pelo manuseio de equipamentos tecnológicos como celulares, câmeras fotográficas e computadores, ou por aptidões básicas de desenho e modelagem. Diante disso, muitos profissionais desistem de sua utilização em sala de aula ou nem mesmo fazem tentativas de introduzi-la nesse espaço.

A desistência, contudo, não foi o caminho escolhido pelas docentes colaboradoras da pesquisa e suas parceiras. Elas se questionaram quanto ao domínio da técnica, mas estabeleceram como poderiam atuar, apesar de algumas limitações dessa ordem. Este foi o caso de Rebeka, que optou pelo trabalho com *flipbook*, em função de seu receio com os equipamentos digitais. No mesmo sentido, destacamos, ainda, a receptividade de Cristiane para participar do projeto de animação e proporcionar a seus alunos um conhecimento novo, bem como a persistência de Raquel ao se deparar com o tempo cronológico, a princípio desfavorável ao trabalho, e sua perseverança em explorar a animação com os alunos, mesmo que em uma experiência mais curta. Citamos ainda a transformação dos discentes, que não se reconheciam como grupo e passaram a trabalhar coletivamente em uma iniciativa pautada pela colaboração, auxiliando uns aos outros.

O trabalho docente com animação na sala de aula é composto pelo enfrentamento de uma extensa lista de atribuições que recaem sobre as professoras: criação de tarefas, provas para verificação da aprendizagem de conteúdo, avaliações de larga escala e institucionais, reuniões etc. Em meio a isso, elas se deparam com tempo de planejamento insuficiente para suas demandas, além de situações inesperadas, como greve, alagamentos na cidade, problemas estruturais e visitas pedagógicas realizadas sem antecedência adequada.

As atribuições docentes demandam tempo, o que, para o trabalho com animação, é essencial. É preciso criar várias imagens para que se obtenham sequências animadas, visto que só há movimento com pelo menos 16 quadros por segundo. Assim, o tempo é fundamental. Esse limite é ainda mais sentido quando levamos em conta que o tempo de aula é de apenas 50 minutos. Tempo de aula, tempo de planejar, tempo para animar, tempo para criar. Em meio a esses limites, firmam-se parcerias diretas e indiretas, além de métodos que dialoguem com a realidade em que o trabalho com animação está sendo desenvolvido.

Ressaltamos que a discussão sobre a escassez de tempo que aparece neste estudo não se dá em função do aumento da carga de trabalho docente. O tempo não foi limitador no processo. As docentes viram na animação uma forma, até mesmo, de otimizar o uso do tempo, visto que a linguagem lhes permitiu trabalhar questões curriculares e, ao mesmo tempo, entender os princípios trazidos pelos alunos, ajudando-os a redimensionar a aplicação das mídias, pois puderam utilizá-las em um viés criativo. Logo, no pouco tempo de que dispunham, foi possível às docentes estabelecer relações que, em geral, as atividades mais engessadas não permitem.

Para inserir a animação no processo educativo, vimos que as docentes a vincularam ao currículo, associando a linguagem a algum conteúdo ou a projetos. Isso mostra a capacidade criativa das docentes, um esforço de se afastar das abordagens tradicionalistas com as mesmas temáticas e critérios que não se vinculam com a realidade de alunos, de si próprias e da escola. Sem condições estruturais, elas usam materiais alternativos que afloram o potencial criador, mas que não são uma opção, mas o único caminho. Escolhem métodos de ensino com animação que exploram suas habilidades, de modo a trazer segurança tanto para si quanto para os estudantes.

Tendo o tempo como condição e referência, mas conscientes de que precisam ampliar as possibilidades para que o trabalho com animação alcance êxito, além das parcerias, as docentes ofereceram atendimentos individuais nos horários de planejamento — como ocorreu com o grupo que se dedicou à temática Ciência e Robótica — e incentivaram os estudantes que concluíam suas animações (por exemplo, a equipe de *The Heroes* e *Biblioteca Fantástica*) a colaborarem com os demais para que fosse possível acompanhar mais de perto aqueles que precisavam receber mais atenção. Ainda que não sejam alvo da análise no âmbito deste estudo, sublinhamos outros marcadores desse processo, como os espaços, atores e condições estruturais, os quais o influenciaram diretamente.

Consideramos que, mesmo com as limitações mencionadas, os métodos criados aproximam os estudantes do processo de aprendizagem, do professor e de si mesmos, pois o trabalho é permeado por diálogo e por uma temática que escapa à rotina da escola. A animação permite, ainda, repensar os métodos de ensino e trabalho e romper com as abordagens tradicionais que promovem a hierarquização do conhecimento e das ações docentes.

Outro aspecto importante no que tange aos processos e aos métodos é a culminância das ações, uma vez que traz visibilidade para o trabalho com animação na sala de aula, ajudando a desconstruir discursos equivocados das famílias e colegas de profissão. Nas exibições das animações criadas, as famílias podem visualizar o resultado do trabalho dos alunos. Promover a aproximação da família no decorrer do trabalho com a animação pode explicitar o potencial dessa linguagem como mediadora na produção do conhecimento, de modo que os pais também sejam alcançados por esse trabalho — como ocorreu com o pai de um estudante da turma da professora Rebeka.

A ampliação de repertório visual e de ampliação de plateia são outros benefícios trazidos pelo trabalho com a animação em sala de aula, pois os alunos visualizaram suas criações, contemplaram as dos seus colegas e também apreciaram animações criadas para as salas comerciais.

Quanto ao segundo objetivo específico deste estudo, "**Compreender como se dão os processos técnicos e criativos no trabalho com animação em sala de aula, seus limites e possibilidades**", destacamos que os processos técnicos e criativos no trabalho docente com animação em sala de aula acontecem com base nos processos e métodos criados pelas professoras, que permitiram um contato com a temática sem se desvincular de suas atribuições profissionais. É evidente a limitação no que tange às questões técnicas e criativas, pois intempéries acontecem ao longo de toda a execução.

As limitações são a já mencionada escassez de materiais e a falta de suporte tecnológico (de equipamentos e/ou pessoal especializado para sua manutenção), além do tempo reduzido destinado às aulas e a obrigatoriedade de relacionar a criação da animação ao conteúdo curricular. Esses fatores são empecilhos para o aprendizado de algumas técnicas de animação, como aceleração, desaceleração, intervalos, reduzindo a técnica usada à velocidade contínua.

Apesar das limitações, os processos técnicos e criativos ocorreram. A falta de espaço em sala de aula para a execução das animações fez com que os participantes da proposta buscassem outros locais, o que lhes possibilitou descobrir e explorar novos espaços de aprendizagem. Assim, o que a princípio seria uma limitação se tornou um fator de potencialização do trabalho. Isso pode ser visto no anexo à biblioteca, no qual o grupo criador de *Estrela Cadente* usou tatames para diminuir a incidência de luz. Outro exemplo foi o uso de fita adesiva para fixar o telefone à mesa, capturando imagens do cenário montado no chão, produzindo o efeito "aéreo". O uso de brinquedos sem a obrigatoriedade de modelar personagens, a imagem exibida no monitor do computador como cenário e a utilização de pastas com pinos no lugar de mesas de luz são exemplos de materiais alternativos que permitiram a execução dos procedimentos técnicos e criativos.

As questões técnicas e criativas podem se expandir com a participação da família. Como visto, essa participação foi sutil, sendo observada pelo relato da mãe de um estudante: este, segundo a mãe, havia sido auxiliado por seu pai na criação do *flipbook*; em seguida, ele próprio, o pai, passou a desenhar em cadernos de que dispunha em casa. Todavia, nas experiências destacadas nesta pesquisa, a participação da família ocorreu apenas no momento da apresentação das animações, realizadas no horário de aula, que quase sempre conflitaram com o período de trabalho dos pais, levando à reduzida participação deste público. Assim, é preciso avaliarmos a parceria com a família para passarmos a incluí-la — desde as intenções dos projetos —, e talvez assim tenhamos mais apoio, entendimento do processo e, por consequência, participação por parte destes atores.

A necessidade da técnica possibilitou o trabalho em grupo e as parcerias dentro de sala de aula. Os alunos criaram uma rede de apoio para concluir suas animações. Em adição, os processos técnico e criativo permitiram o diálogo com elementos fora dos muros da escola, como as exibições de filmes e TV, sem cerceamento — normalmente, esse tipo de suporte não é discutido dentro da sala de aula.

Entendemos que os limites, principalmente em relação ao fator tempo, interferiram diretamente nos processos criativos, porquanto, quando os alunos pareciam avançar em suas reflexões e/ou ações, eram interrompidos porque outra aula estava se iniciando. Ainda assim, salientamos que a criação nem sempre ocorre no espaço de sala de aula, mas é aqui que ela é estimulada. O ambiente escolar, assim, é espaço fecundo, que agrega diferentes culturas, classes e estilos. A animação possibilitou o ato criador e a autoria. O trabalho com animação em sala de aula permitiu a inventividade, a criação de algo realizado apenas pelas mídias e por profissionais especializados, e que, agora, tem sido feito por crianças.

Por fim, discorremos sobre os resultados obtidos para o terceiro objetivo específico deste estudo, **"Problematizar situações do trabalho com animação em sala de aula que impulsionam a promoção da autonomia de docentes e discentes"**. Ficou evidente a necessidade de o docente se conscientizar de suas limitações, dos problemas estruturais e da relevância da animação para a produção do conhecimento, entendendo-a além do eixo do entretenimento. Como destacamos, a animação em sala de aula denuncia alguns aspectos marcantes do sistema educacional, mas, ao mesmo tempo, anuncia a possibilidade de se promover um trabalho dialógico, pois permite aos estudantes falar de desenhos, de "lutinhas", imaginar situações, sem serem podados em suas expressões. Esse trabalho envolve os alunos mais intensamente e faz com que sintam orgulho de suas criações, ao ponto de se empolgarem para exibi-las. Para eles, elas devem ser mostradas, porque, afinal, exigiram esforço e dedicação de sua parte.

Para alguns, pode ser pouco dizer que a autonomia discente existiu porque os estudantes puderam escolher os temas e materiais que seriam usados na animação e porque debateram abertamente com os docentes sobre o roteiro e os meios de produção. Ao contrário, entendemos que não. Esses alunos, em sua maioria de origem popular, criaram filmes, animaram; deixaram de ser meros espectadores para serem criadores/autores de suas animações — muitos adultos, ainda hoje, não têm conhecimentos sobre como são criados os desenhos animados.

Os professores, por sua vez, afastaram-se de práticas mecanicistas, mesmo que por momentos. Inseriram elementos do cotidiano dos alunos nas atividades, aproximando os enunciados das vivências dos discentes. Aprenderam com estes, em um trabalho perpassado pela generosidade e humildade de (re)conhecer e errar junto, o que extrapola as concepções usuais de ensino.

A autonomia não está apenas naquilo que o aluno faz sozinho ou com seus pares, mas no entendimento de como faz e os motivos que o levam a fazê-lo. Nesse sentido, entendemos que a autonomia se desenvolve em um processo contínuo, na busca e permanência pela práxis — ação e reflexão. O trabalho com a animação enfrentou limites, produziu implicações e também ampliou as novas formas de ler e ver o mundo, começando na pequena tela do *data show* na qual foram apresentadas as criações. O olhar dos funcionários da escola, da família, dos colegas de outras turmas também mudou. Agora, os estudantes estavam ali; perfilados, sim, mas sentados na primeira fila, com o rosto orgulhoso de "Fui eu quem fiz", aplaudindo seus pares e se aplaudindo.

Assim, quando voltamos à resposta de Tournier sobre a relação entre animação e educação (capítulo 1), com base em sua própria metáfora, entendemos que, em sala de aula, o uso da animação, esse "grande pasto", possibilita a docentes e discentes a tomada de consciência de que as cercas do espaço escolar existem. A linguagem da animação faz isso, porque, em movimento de tensão, põe esses atores diante dessas cercas, que assumem várias alturas: ora mais elevadas, ora mais baixas — ora, ainda, indefinidas, porque são invisíveis. É a consciência sobre a existência dessas cercas, todavia, que semeia o desejo de demoli-las, fazendo a escola se integrar à "grande fazenda", pelo florescimento de modos de aprender e ensinar mais perpassados pela autonomia, nos quais é o processo, e não o resultado, o que ganha relevo, ainda que este último seja um acontecimento marcante no processo. A animação vem iluminar, enriquecer a educação, complementando os processos educativos ocorridos em sala de aula.

Reiteramos que, quando o analisamos separado do universo profissional da animação, entendemos que o espaço educacional é um meio de experimentação, e não de apropriação. Podemos interpretar textos sem nos tornarmos intérpretes, assim como podemos criar animações sem o propósito de sermos animadores. Levamos algo do mundo para a escola sem a necessidade de ser e ter o mundo. Pesquisamos, inventamos e criamos dentro dela. Olhamos para os fenômenos de forma científica, mas também imaginativa, travestindo a realidade. Isso ocorre quando nos permitimos "voar", ser "heróis" valendo-nos das animações. Desse modo, vemos como positivo ser apenas uma parte desse "pasto", pois, em nosso espaço, a educação, assumimos os aspectos dialógicos, lúdicos, as parcerias e a criação sem padrões. Olhamos para a realidade com uma distância das obrigações a que a produção do universo da animação profissional está sujeita. A escola é a maximização para potencializar a imaginação, e não a produção de animações.

De forma específica, o trabalho com animação faz com que alunos e professores saiam da posição de espectadores e consumidores do mercado de animação para a condição de criadores/autores, à qual foram alçados pelo fruto do trabalho humano, perpassado pela criatividade. O trabalho com animação em sala de aula realiza-se com base no reaproveitamento de materiais alternativos para a criação de personagens e cenários. Frequentemente, emprega equipamentos dos professores — entre as três propostas que foram alvo de observação nesta pesquisa, nenhuma finalizou a edição com os equipamentos da escola, utilizando os recursos tecnológicos dos docentes ou dos parceiros envolvidos. Isso porque os softwares usados necessitam de autorização ou licença para instalação e/ou pela pouca capacidade de memória dos equipamentos da escola.

A animação em sala de aula permite o uso de técnicas diferenciadas para sua produção, como o recorte, a massa de modelar, o uso de brinquedos, 2D, além do digital. A proposta permite que o aluno tenha opções de atuação, podendo escolher a que mais se aproxima de suas necessidades expressivas. As técnicas diferenciadas adequam-se a múltiplos métodos e permitem a assimilação das atividades curriculares.

Também é importante considerar que, mesmo que o aluno escolha trabalhar individualmente, a animação assumirá o caráter coletivo, pois é feita para outros, para ser contemplada e exibida por eles. Por isso, tampouco se pode dizer que a produção é concluída por seu autor, pois constitui-se em outro, com o público, e prolonga-se pela sua exibição na tela. Outro aspecto relevante é que, no caráter educativo, os docentes não limitam as interfaces estéticas para a produção, pois valorizam o processo, as ideias, os debates, as interlocuções e os saberes diversos.

Diante disso, ao pensar dialeticamente o trabalho com animação, de um lado, entendemos que ele denuncia limites na autonomia, nas estruturas de ensino, nos procedimentos técnicos e criativos, embora esses processos sejam abordados em proporções diferentes no ambiente escolar. Apesar disso, foi possível confirmar a tese de que o trabalho com animação na sala de aula é criador, permite o trabalho colaborativo, rompe com as abordagens tradicionais de ensino e viabiliza tanto a técnica quanto a criação. Entender a animação como trabalho criador possibilita, para docentes e discentes, abertura à tomada de decisão por uma educação autônoma. Assim, a entrada da animação na escola, nas salas de aula, reposiciona os papéis de professores e alunos e as relações — entre eles mesmos; entre eles e os profissionais da escola; entre eles e a família. O aluno deixa de ser espectador para ser criador da animação. É uma outra tomada de posição, uma aprendizagem que emerge dos processos técnicos e criativos, possibilitando autoria e autonomia.

A animação tem natureza dual. Por vezes, a depender de seu contexto, destaca-se sua natureza mercadológica, que está no âmbito do entretenimento e do consumo, mas também há sua natureza como arte; natureza de arte, porque tem poder criador e emancipador, e é nesse viés que ela se situa no trabalho docente, com base na tomada de consciência da necessidade de se promover um ensino mais autônomo.

Animação é criação, é trabalho, é trabalho criador. Pela ação do trabalho criador, toca na liberdade, na autonomia e na consciência humana. No trabalho docente, amplia o espaço para a tomada de consciência, pois leva o professor a dialogar com sua própria realidade. Faz emergir processos e perspectivas educacionais para sua produção/criação que vão além dos processos curriculares de cunho obrigatório. O trabalho docente com animação age de modo a instigar o estudante a uma imersão profunda com a educação, fora dos padrões rotineiros da escola.

Por meio do processo de criar animações, compreendendo-a como trabalho criativo, realizado pelo trabalho educativo, professores reconhecem suas limitações e tomam consciência de sua autonomia, a qual, por certo, é limitada pelas estruturas, pela falta de suporte humano e físico, pela rigidez curricular etc. Todavia, a consciência em relação a esses limites permite que proporcionem a seus alunos uma educação mais livre das amarras tradicionais.

A animação é mediadora de conhecimento e está imersa em um campo de tensões no qual emergem questões artísticas, educacionais e midiáticas que contribuem sistematicamente para o desenvolvimento sócio-histórico-cultural. Por esse viés, a animação extrapola a possibilidade de se trabalhar com conteúdo didático em um caráter instrumentalizador. Não se pode ignorar que a linguagem, muitas vezes, é utilizada como um recurso ou instrumento; todavia, amplia repertórios visuais e culturais, por meio das criações e exibições, além de possibilitar ao estudante maior compreensão técnica acerca do que tem sido veiculado na mídia.

As docentes colaboradoras desta pesquisa possuem saberes na área de animação, mas não realizaram curso específico que contemplasse a animação em sala de aula. Aliado a tantos benefícios que o trabalho com a linguagem traz para o processo educativo, esse fato aponta a necessidade de formação continuada sobre o tema para professores, seja na modalidade presencial, seja a distância, até porque os tutoriais de vídeo on-line são fontes frequentemente consultadas pelos docentes, embora não tenham viés pedagógico. Neste ponto, é importante, como já o fez Duarte (2003, p. 620), sublinhar que pouco adianta

> [...] mantermos a formação de professores nas universidades se o conteúdo dessa formação for maciçamente reduzido ao exercício de uma reflexão sobre os saberes profissionais, de caráter tácito, pessoal, particularizado, subjetivo etc.

Aos professores que desejam trabalhar com animação, é importante atentarem para o fato de que proposições nesse sentido requerem planejamento antecipado para ampliar as possibilidades de obtenção de materiais e recursos adequados, visto que as escolas públicas, notadamente, possuem uma dinâmica bastante rigorosa no processo de compras e no uso de recursos recebidos.

Apontamos as limitações encontradas por docentes no trabalho com animação, contudo esta pesquisa também tem as suas: por exemplo, os projetos tinham como objetivo proporcionar protagonismo aos estudantes, contudo não foram diretamente ouvidos no processo de produção de dados. Limitamo-nos a observar seu desenvolvimento como se fosse algo desvinculado do trabalho docente, o que não procede. Desse modo, sugerimos que pesquisas futuras sobre o trabalho docente com animação possam, também, direcionar um olhar mais apurado sobre os estudantes, visto que são eles que põem a "mão na massa", às vezes literalmente. Novas pesquisas também podem se dedicar a estabelecer comparações acerca do trabalho com animação com estudantes do Ensino Fundamental II e do ensino médio, de modo a observar como as nuances aqui destacadas emergem em outros contextos. O modo como o trabalho com animação na escola chega até as famílias também pode ser objeto de novos estudos.

Ao mesmo tempo que vemos os conflitos e os problemas estruturais da educação, que por vezes impedem o potencial criativo, vislumbramos caminhos pouco percorridos, como a produção de animação em sala de aula. E é nesta esfera que enxergamos a escola como terreno fértil. Sabemos que a falta de estrutura, a precariedade e a ausência de formação influenciam diretamente os processos pedagógicos. Apesar disso, como mencionou a professora Adriana Fresquet no exame de Qualificação II desta pesquisa, *"duvidamos que haja local mais propício para a Arte, suas linguagens e criatividade do que a escola"*. É nela que encontramos as diferenças — sociais, econômicas, históricas e culturais. Essas diferenças enriquecem o conhecimento e nos fazem ter uma visão ampla do mundo.

Esta pesquisa mostra, com base nas mediações e experiências de Maria de Fátima, Raquel, Rebeka e Cristiane e daquelas que com elas estabeleceram parcerias, que há criação, há conhecimento, há troca. A mediação faz-se pelas docentes, pela arte e pela linguagem da animação, sendo realizada de forma coletiva e com autoria. Essas docentes fizeram a diferença. Certamente, esses alunos, por longo tempo, vão se lembrar das experiências, das produções, de sua atuação autoral, e terão outro olhar sobre o trabalho, a animação e a educação.

# REFERÊNCIAS

A FUGA das galinhas. Direção: Peter Lord e Nick Park. Roteiro: Karey Kirkpatrick. Estados Unidos; Reino Unido: DreamWorks Home Entertainment; Aardman, 2000. 1 DVD (84 min).

ADORNO, T. W.; HORKHEIMER, M. *A dialética do esclarecimento.* Rio de Janeiro, RJ: Jorge Zahar, 1947. Disponível em: https://files.cercomp.ufg.br/weby/up/208/o/ fil_dialetica_esclarec.pdf. Acesso em: 15 maio 2021.

ADORNO, T. W; HORKHEIMER, M. *Dialética do esclarecimento.* Rio de Janeiro, RJ: Jorge Zahar, 1985.

ANDRÉ, M. E. D. A. *Estudo de caso em pesquisa e avaliação educacional.* Brasília, DF: Liber Livro, 2005.

BECHARA, M. Mulheres na animação? Profissionais brasileiras apontam "gap cultural" machista em Annecy. *RFI*, [*S. l.*], 15 jun. 2018. Disponível em: https:// www.rfi.fr/br/franca/20180613-mulheres-na-animacao-profissionais-brasi- leiras-apontam-gap-cultural-machista-em-anne. Acesso em: 14 ago. 2019

BENJAMIN, W. *Obras escolhidas*: magia e técnica, arte e política. São Paulo, SP: Brasiliense, 1994.

BENTO, F. *A educação escolar e o cinema de animação*: em estudo a Turma da Mônica. 2010. Dissertação (Mestrado em Educação) – Universidade Estadual de Maringá, Maringá, PR, 2010.

BOZZANO, H. B.; FRENDA, P.; GUSMÃO, T. *Arte e interação.* 2. ed. São Paulo, SP: IBEP, 2016.

BRANCA de Neve e os sete anões. Direção: David Kerric Hand. Estados Unidos: Disney, 1937. *Streaming* (88 min). Disponível em: https://www.disneyplus.com/ pt-br. Acesso em: 15 ago. 2021.

BRANDÃO, C. R. *O que é o método Paulo Freire?*. São Paulo, SP: Brasiliense, 1981.

BRASIL. Lei nº 9.394, de 20 de dezembro de 1996. Estabelece as diretrizes e bases da educação nacional. *Diário Oficial da União*: seção 1, Brasília, DF, ano 84, n. 248, p. 1, 23 dez. 1996. Disponível em: https://pesquisa.in.gov.br/imprensa/jsp/

visualiza/index.jsp?data=23/12/1996&jornal=1&pagina=1&totalArquivos=289. Acesso em: 14 ago. 2018.

BRASIL. Lei nº 13.006, de 26 de junho de 2014. Acrescenta § 8º ao art. 26 da Lei nº 9.394, de 20 de dezembro de 1996, que estabelece as diretrizes e bases da educação nacional, para obrigar a exibição de filmes de produção nacional nas escolas de educação básica. *Diário Oficial da União*: seção 1, Brasília, DF, ano 151, n. 121, p. 1, 27 jun. 2014. Disponível em: https://pesquisa.in.gov.br/imprensa/jsp/visualiza/index.jsp?data=27/06/2014&jornal=1&pagina=1&totalArquivos=289. Acesso em: 14 ago. 2018.

BRASIL. Ministério da Educação. *Base Nacional Comum Curricular*. Brasília, DF: MEC, 2018. Disponível em: https://www.gov.br/inep/pt-br/acesso-a-informacao/dados-abertos/microdados/censo-escolar. Acesso em: 22 dez. 2020.

BRAZ, C. S. *Infância e cinema de animação*: o poder da mídia na (re)construção das identidades. 2013. Dissertação (Mestrado em Educação) – Universidade Federal de Uberlândia, Uberlândia, MG, 2013.

CATELLI, R. E. O cinema educativo nos anos de 1920 e 1930: algumas tendências presentes na bibliografia contemporânea. *Intexto*, Porto Alegre, v. 1, n. 12, p. 1-15, jan./jun. 2005. Disponível em: https://seer.ufrgs.br/index.php/intexto/article/view/4194. Acesso em: 6 jun. 2021.

CIAVATTA, M. Conhecimento histórico e o problema teórico-metodologico das mediações. *In*: FRIGOTTO, G.; CIAVATTA, M. (org.). *Teoria e educação no labirinto do capital*. São Paulo, SP: Expressão Popular, 2014. p. 192-229.

CIAVATTA, M. *Mediações históricas de trabalho e educação*: gênese e disputas na formação dos trabalhadores (Rio de Janeiro 1930-60). Rio de Janeiro, RJ: Lamparina, 2009.

CIAVATTA, M. *O mundo do trabalho em imagens*: a fotografia como fonte história (Rio de Janeiro, 1900- 1930). Rio de Janeiro, RJ: DP&A, 2002.

CLARO, K. Eu e a educação. *Jornal Biosferas*, Rio Claro, SP, [2014?]. Disponível em: http://www1.rc.unesp.br/biosferas/Art0082.html. Acesso em: 18 set. 2019.

COELHO, R. *A arte da animação*. São Paulo, SP: Formato, 2004.

CURY, C. R. J. *Educação e contradição*: elementos metodológicos para uma teoria crítica do fenômeno educativo. 26. ed. São Paulo, SP: Cortez, 1985.

DUARTE, N. Conhecimento tácito e conhecimento escolar na formação do professor (por que Donald Schön não entendeu Luria). *Educação e Sociedade*, Campinas,

SP, v. 24, n. 83, p. 601-625, ago. 2003. Disponível em: https://www.scielo.br/j/es/a/GvtW5bPLwmVLGD3mvDq9FrB/?lang=pt. Acesso em: 17 maio 2021.

ERA de Ouro da animação americana. *In*: WIKIPÉDIA: a enciclopédia livre. [San Francisco, CA: Wikimedia Foundation, 2021]. Disponível em: https://pt.wikipedia.org/wiki/Era_de_Ouro_da_anima%C3%A7%C3%A3o_americana. Acesso em: 16 abr. 2021.

FLIP-MANIA part 1: sports. [*S. l.*]: Sam Faber Manning, 2008. 1 vídeo (1 min). Publicado pelo canal Sam's Animations. Disponível em: https://www.youtube.com/watch?v=FH97UerMW6I. Acesso em: 21 fev. 2020.

FOERSTE, E. *Parceria na formação de professores*. São Paulo, SP: Cortez, 2005.

FOERSTE, E.; LÜDKE, M. Avaliando experiências concretas de parcerias na formação de professores. *Avaliação*: Revista da Rede de Avaliação Institucional da Educação Superior, Campinas, SP, v. 8, n. 4, p. 163-182, 2003. Disponível em: http://periodicos.uniso.br/ojs/index.php/avaliacao/article/view/1251/1241. Acesso em: 14 nov. 2020.

FONTANELLA, G. S. *Cinema de animação*: um recurso pedagógico em desenvolvimento. 2006. Dissertação (Mestrado em Educação) – Universidade Metodista, Piracicaba, 2006.

FREIRE, P. *Educação como prática da liberdade*. Rio de Janeiro, RJ: Paz e Terra, 2009.

FREIRE, P. *Pedagogia do oprimido*. 23. ed. Rio de Janeiro, RJ: Paz e Terra, 1987.

FREIRE, P. *Conscientização*: teoria e prática da libertação – uma introdução ao pensamento de Paulo Freire. São Paulo, SP: Cortez & Moraes, 1979.

FREIRE, P. *Educação e mudança*. Rio de Janeiro, RJ: Paz e Terra, 1983.

FREIRE, P. *Extensão ou comunicação?* 13. ed. Rio de Janeiro, RJ: Paz e Terra, 2017a.

FREIRE, P. *Pedagogia da autonomia*: saberes necessários à prática educativa. 56. ed. São Paulo, SP: Paz e Terra, 2018.

FREIRE, P. *Pedagogia da esperança*: um reencontro com a pedagogia do oprimido. Rio de Janeiro, RJ: Paz e Terra, 2015.

FREIRE, P. *Pedagogia do oprimido*. 63. ed. Rio de Janeiro, RJ: Paz e Terra, 2017b.

FREIRE, P. *Política e educação*: ensaios. São Paulo, SP: Cortez, 1993.

FREIRE, P.; SHOR, I. *Medo e ousadia*: o cotidiano do professor. 12. ed. Rio de Janeiro, RJ: Paz e Terra, 2008.

FRESQUET, A. Cinema, infância e educação. *In*: REUNIÃO DA ASSOCIAÇÃO NACIONAL DE PÓS-GRADUAÇÃO E PESQUISA EM EDUCAÇÃO, 30., 2007, Caxambu, MG. *Anais* [...]. Caxambu, MG: ANPED, 2007. p. 1-16. Disponível em: http://30reuniao.anped.org.br/grupo_estudos/GE01-3495--Int.pdf. Acesso em: 14 nov. 2020.

FRIGOTTO, G. A polissemia da categoria trabalho e a batalha das ideias nas sociedades de classe. *Revista Brasileira de Educação*, Rio de Janeiro, RJ, v. 14, n. 40, p. 168-194, jan./abr. 2009. DOI: https://doi.org/10.1590/S1413-24782009000100014. Disponível em: https://www.scielo.br/j/rbedu/a/QFXsLx9gvgFvHTcmfNbQKQL/ abstract/?lang=pt. Acesso em: 21 fev. 2018.

FRIGOTTO, G.; CIAVATTA, M.; RAMOS, M. Concepções e mudanças no mundo do trabalho e o ensino médio. *In*: FRIGOTTO, G. (org.). *Ensino médio integrado*: concepções e contradições. São Paulo, SP: Cortez, 2012. p. 57-82.

GIL, A. C. *Como elaborar projetos de pesquisa*. 4. ed. São Paulo, SP: Atlas, 2008.

GOMES, S. A. *Metodologia de ensino do cinema de animação*. Rio de Janeiro, RJ: EBA/UFRJ, [200-?].

GUEDES, M. E. F. Gênero, o que é isso?. *Psicologia*: ciência e profissão, Brasília, DF, v. 15, n. 1-3, p. 4-11, 1995. DOI: https://doi.org/10.1590/S1414-98931995000100002. Disponível em: http://www.scielo.br/scielo.php?script=sci_arttext&pi-d=S1414-98931995000100002&lng=en&nrm=iso. Acesso em: 14 abr. 2019.

HABERMAS, J. *Conhecimento e interesse*. Rio de Janeiro, RJ: Jorge Zahar, 1982.

IBIAPINA, I. M. L. M. *Pesquisa colaborativa*: investigação, formação e produção de conhecimentos. Brasília, DF: Liber Livro, 2008.

INSTITUTO NACIONAL DE ESTUDOS E PESQUISAS EDUCACIONAIS ANÍSIO TEIXEIRA. *Censo escolar*: microdados do censo escolar da educação básica. Brasília: INEP, 2020. Disponível em: https://www.gov.br/inep/pt-br/acesso-a--informacao/dados-abertos/microdados/censo-escolar. Acesso em: 22 dez. 2020.

JOHNSTON, O.; THOMAS, F. *Disney animation*: the illusion of life. New York: Burbank, 1995.

KOSIK, K. *Dialética do concreto*. 7. ed. Rio de Janeiro, RJ: Paz e Terra, 2002.

LEITE, S. Há 60 anos, o estúdio Hanna-Barbera criou clássicos e mudou a história da animação mundial. [Entrevista cedida a] Paulo Henrique Silva. *Hoje em Dia*, [S. l.], 17 mar. 2017. Disponível em: https://www.hojeemdia.com.br/entretenimento/ha-60-anos-o-estudio-hanna-barbera-criou-classicos-e-mudou-a-historia-da--animac-o-mundial-1.452486. Acesso em: 16 jul. 2023.

LÖWY, M. *Walter Benjamin, aviso de incêndio*: uma leitura das teses sobre os conceitos de história. São Paulo, SP: Boitempo, 2005.

LUCENA JÚNIOR, A. B. *Arte da animação*: técnica e estética através da história. São Paulo, SP: SENAC, 2002.

LUZ, A. F. da; FUCHINA, R. A evolução histórica dos direitos da mulher sob a ótica do direito do trabalho. *In*: SEMINÁRIO NACIONAL DE CIÊNCIA POLÍTICA DA UFRGS, 2., 2009, Porto Alegre. *Anais* [...]. Porto Alegre: UFRGS, 2009. Disponível em: https://www.ufrgs.br/sncp/genero-direitos-humanos-e-cidadania#top. Acesso em: 18 mar. 2019.

MACHADO, A. *Pré-cinema & pós-cinema*. São Paulo, SP: Papirus, 1997.

MAGALHÃES, M. *Cartilha Anima Escola*: técnicas de animação para professores e alunos. 2. ed. Rio de Janeiro, RJ: Ideia, 2015.

MANACORDA, M. A. *Marx e a pedagogia moderna*. Campinas, SP: Alínea, 2007.

MARX, K. *Contribuições para a crítica da economia política*. Tradução de Florestan Fernandes. São Paulo, SP: Expressão popular, 2008.

MARX, K. *Manuscritos econômico-filosóficos*. Tradução de Jesus Ranieri. São Paulo, SP: Boitempo, 2009.

MARX, K. *O capital*: crítica da economia política. Tradução de Reginaldo Sant'Anna. 27. ed. Rio de Janeiro, RJ: Civilização Brasileira, 2010. Livro 1, v. 1.

MARX, K. *Teses sobre Feuerbach*. [S. l.: s. n.], 1845. Disponível em: https://www.marxists.org/portugues/marx/1845/tesfeuer.htm. Acesso em: 13 jun. 2021.

MILLET, J. S. *Pedagogias da animação*: professores criando filmes com seus alunos na escola. 2014. Dissertação (Mestrado em Educação) – Universidade Federal do Estado do Rio de Janeiro, Rio de Janeiro, RJ, 2014.

MONTEIRO, T. B. *Cinema de animação e trabalho docente*. 2021. Tese (Doutorado em Educação) – Universidade Federal do Espírito Santo, Vitória, ES, 2021.

MONTEIRO, T. B. *Cinema de animação no ensino de arte*: a experiência e a narrativa na formação da criança em contexto campesino. 2013. Dissertação (Mestrado em Educação) – Universidade Federal do Espírito Santo, Vitória, ES, 2013.

MONTEIRO, T. B. *Quadro a quadro*: a animação no ensino da arte. 2007. Monografia (Licenciatura em Artes Visuais) – Universidade Federal do Espírito Santo, Vitória, ES, 2007.

MULHERES são sub-representadas nos principais trabalhos de animação, diz estudo. *Estadão*, [S. l.], 10 jun. 2019. Disponível em: https://emais.estadao.com.br/noticias/tv,mulheres-sao-sub-representadas-nos-principais-trabalhos-de-anima-cao-diz-estudo,70002864253. Acesso em: 14 ago. 2019.

MUSEU de animação de Abi Feijó e Regina Pessoa reconhecido além-fronteiras. *Agência Lusa*, [S. l.], 12 jan. 2020. Disponível em: https://observador.pt/2020/01/12/museu-de-animacao-de-abi-feijo-e-regina-pessoa-reconhecido-alem-fronteiras/. Acesso em: 14 set. 2020.

NETTO, P. *Introdução ao estudo do método de Marx*. São Paulo, SP: Expressão Popular, 2011.

NORONHA, Gabi. 7 coisas que você não sabia sobre o clássico A Fuga das Galinhas. *Fatos Desconhecidos*, [S. l.], 23 set. 2019. Disponível em: https://www.fatosdesconhe-cidos.com.br/7-coisas-que-voce-nao-sabia-sobre-o-classico-a-fuga-das-galinhas/. Acesso em: 14 jun. 2023.

OLIVEIRA, D. P. *Desenhos animados e desenhos infantis*: relações de experiência e memória. 2012. Dissertação (Mestrado em Educação) – Universidade Federal do Espírito Santo, Vitória, ES, 2012.

OLIVEIRA, M. K. de. *Vygotsky*: aprendizado e desenvolvimento – um processo sócio-histórico. São Paulo, SP: Scipione, 2005.

OSTROWER, F. *Criatividade e processos de criação*. 9. ed. Petrópolis, RJ: Vozes, 1987.

PALFREY, J.; GASSER, U. *Nascidos na era digital*: entendendo a primeira geração de nativos digitais. Porto Alegre: Artmed, 2011.

PIMENTEL, L. G.; MAGALHÃES, A. D. T. V. Docência em arte no contexto da BNCC: é preciso reinventar o ensino/aprendizagem em Arte? *Revista Gearte*, Porto Alegre, v. 5, n. 2, p. 220-231, maio/ago. 2018. Disponível em: http://seer.ufrgs.br/gearte. Acesso em: 3 jun. 2021.

PIRATAS pirados. Direção: Peter Lord. [*S. l.*]: Aardman Animations; Sony Pictures Animation; Relativity Media, 2012. 1 DVD (128 min).

PIROLA, M. N. B. *Televisão, criança e educação*: as estratégias enunciativas de desenhos animados. 2006. Dissertação (Mestrado em Educação) – Universidade Federal do Espírito Santo, Vitória, ES, 2006.

POUGY, E. *Arte*: 4º e 5º ano. São Paulo, SP: Ática, 2014.

ROSA, L. R. *O filme de animação O Lorax*: em busca da trúfula perdida na perspectiva dos estudos culturais. 2016. Dissertação (Mestrado em Educação) – Universidade Federal de Uberlândia, Uberlândia, MG, 2016.

SACCOMANI, M. C. *A criatividade na arte e na educação escolar*: uma contribuição a pedagogia histórico-crítica à luz de Georg Lukács e Liev Vigotski. São Paulo, SP: Autores Associados, 2016.

SÁNCHEZ VÁZQUEZ, A. *Filosofia da práxis*. Rio de Janeiro, RJ: Paz e Terra, 1977.

SAVIANI, D. *Escola e democracia*. 42. ed. Campinas, SP: Autores Associados, 2012.

SAVIANI, D. Pósfacio à terceira edição. *In*: FICHTNER, Bernd *et al.* (org.). *Cultura, dialética e hegemonia*: pesquisas em educação. 3. ed. Curitiba: Appris, 2020. p. 319-332.

SCHÜTZ-FOERSTE, G. M. *Arte-educação*: pressupostos teórico-metodológicos na obra de Ana Mae Barbosa. 1996. Dissertação (Mestrado em Educação Escolar Brasileira) – Universidade Federal de Goiás, Goiânia, 1996.

SILVA, L. T.; NOSELLA, P. A cultura extrema enquanto estratégia de hegemonia: uma análise a partir dos escritos de Antônio Gramsci. *Revista Labor*, Fortaleza, v. 1, n. 22, p. 19-31, jul./dez. 2019.

SILVA, M. C. R. F. da. Trabalho docente: apontamentos a partir do campo das artes visuais. *In*: ENCONTRO DA ASSOCIAÇÃO NACIONAL DE PESQUISADORES EM ARTES PLÁSTICAS, 24., 2015, Santa Maria, RS. *Anais* [...]. Santa Maria, RS: ANPAP, 2015. p. 3093-3108. Disponível em: https://anpap.org.br/anais/2015/simposios/s6/maria_cristina_da_rosa_fonseca_da_silva.pdf. Acesso em: 26 fev. 2021.

SIRGADO, A. P. O social e o cultural na obra de Vigotski. *Revista Educação e Sociedade*, Campinas, SP, ano 22, n. 71, p. 45-78, jul. 2000. Disponível em: https://www.scielo.br/j/es/a/gHy6pH3qxxynJLHgFyn4hdH/?format=pdf. Acesso em: 25 nov. 2019.

STEN, S. C. *Cinema e educação*: Crítica à domesticação da memória em filmes de animação dos estúdios Disney. 2020. Tese (Doutorado em Educação) – Universidade Federal do Espírito Santo, Vitória, ES, 2020. Disponível em: http://portais4. ufes.br/posgrad/teses/tese_14623_SAMIRA%20STEN_Tese%20Final_pos%20 Defesa%20%281%29.pdf. Acesso em: 3 jun. 2021.

THALHEIMER, A. *Introdução ao materialismo dialético*: fundamentos da teoria marxista. Tradução de Luiz Monteiro. Rio de Janeiro, RJ: Centro de Estudos Victor Meyer, 2014. Disponível em: http://centrovictormeyer.org.br/wp-content/ uploads/2010/04/August-Thalheimer-Introdu%C3%A7%C3%A3o-ao-Materialismo-Dial%C3%A9tico.pdf. Acesso em: 5 mar. 2019.

UTUANI, S.; LUIZ, S.; FERRARI, P. *Porta aberta – Arte*: 4º e 5º ano. São Paulo, SP: FTD, 2014.

VIEIRA, T. C. *O Potencial educacional do cinema de animação*: três experiências na sala de aula. 2008. Dissertação (Mestrado em Educação) – Pontifícia Católica de Campinas, Campinas, SP, 2008.

VIGOTSKI, L. *A construção do pensamento e da linguagem*. 2. ed. São Paulo, SP: Martins Fontes, 2009a.

VIGOTSKI, L. *Imaginação e criação na infância*. São Paulo, SP: Ática, 2009b.

VIGOTSKI, L. *Psicologia da arte*. São Paulo, SP: Martins Fontes, 1999.

VIGOTSKI, L. *Psicologia pedagógica*. São Paulo, SP: Martins Fontes, 2010.

VILAÇA, S. H. C. *Inclusão audiovisual através do cinema de animação*. 2006. Dissertação (Mestrado em Artes / Arte e Tecnologia da Imagem) – Universidade Federal de Minas Gerais, Belo Horizonte, 2006.

WALLACE e Gombrich: a batalha dos vegetais. Direção: Nick Park, Steve Box. Estados Unidos; Reino Unido: DreamWorks Home Entertainment; Aardman, 2005. 1 DVD (85 min).

WERNECK, D. L. *Estratégias digitais para o cinema de animação independente*. 2005. Dissertação (Mestrado em Artes Visuais) – Universidade Federal de Minas Gerais, Belo Horizonte, 2005.

# APÊNDICE A

## TERMOS DE AUTORIZAÇÃO DE PESQUISA

**SOLICITAÇÃO DE AUTORIZAÇÃO DE PESQUISA À ESCOLA**

A estudante Thalyta Botelho Monteiro, doutoranda do Programa de Pós-Graduação em Educação da Universidade Federal do Espírito Santo, sob o número de matrícula 2017142950 e RG: 1890096 ES pesquisa "Animação no Trabalho Docente", tema de sua tese. Solicitamos parceria junto a EMEF UFES para coleta de dados junto à professora Maria de Fátima Carvalho que já realizou atividades sobre animação nesta instituição e que possui projeto para este ano letivo.

Vitória, 02 de abril de 2018.

-------------------------------------------
Gerda M. S. Foerste

-------------------------------------------
Thalyta Botelho Monteiro

**TERMO DE CONSENTIMENTO PARA DIVULGAÇÃO DE VOZ E IMAGEM EM PESQUISA ACADÊMICA**

Eu, _____, brasileiro, estado civil _____, profissão _____, portador da Cédula de Identidade RG n.º _____, inscrito no CPF sob n.º _____, residente na _____, n.º ___, no município de _____-ES, **AUTORIZO** o uso da imagem e voz bem como a transcrição de depoimentos em todo e qualquer material, entre fotos, documentos e outros veículos de comunicação como livros, artigos, internet e TV, a ser utilizado para fins **educacionais** vigentes nos projetos escolares desta instituição e para a pesquisa de doutorado de Thalyta Botelho Monteiro no que inclui publicações acadêmicas.

As imagens e vozes concedidas serão destinadas à produção de projetos que abordam a educação em suas diversas modalidades, onde seu uso não terá fins lucrativos.

A presente autorização é concedida gratuitamente, abrange o uso da imagem e voz, conforme acima mencionado, em todo o território nacional e no exterior, tendo a Educação como eixo norteador.

A pesquisa não utilizará procedimentos que representem risco de qualquer natureza para os participantes, encontrando-se em conformidade com o TCLE que regulam a ética em pesquisa com seres humanos.

Por esta ser a expressão da minha vontade, declaro que autorizo o uso acima descrito sem que nada haja a ser reclamado a título de direitos conexos à minha imagem e a depoimentos ou a qualquer outro, e assino a presente autorização em 02(duas) vias de igual teor e forma.

Vitória, _____ de _____ de _____.

_____
Participante da Pesquisa

_____
Participante da Pesquisa

_____
Thalyta Botelho Monteiro
Pesquisadora CAPES – 098810437-78

Centro de Educação
Programa de Pós-Graduação em Educação

**TERMO DE CONSENTIMENTO PARA DIVULGAÇÃO DE VOZ E IMAGEM EM PESQUISA ACADÊMICA**

# TERMO DE CONSENTIMENTO LIVRE E ESCLARECIDO

Prezado (a) Senhor (a) _____
_____inscrito (a) no CPF _____
_____, a pesquisa sobre Animação no Trabalho Docente foi desenvolvida por **Thalyta Botelho Monteiro**, doutoranda, inscrita no CPF 098.810.437.78, sob orientação da professora Dra. Gerda Margit Schutz Foerste, do Programa de Pós-Graduação em Educação da Universidade Federal do Espírito Santo, na EMEF Adilson da Silva Castro no período de outubro a dezembro de 2018 sob sua parceria. Os objetivos do estudo buscaram analisar as manifestações dialéticas do professor com o uso da animação no que tange à técnica e a criação, analisar o cinema de animação no trabalho docente com crianças e identificar as mediações utilizadas pelos docentes; entender as inquietações sobre as questões técnicas e criativas no processo de produção de cinema de animação no que compete a educação; compreender a animação enquanto mediador de conhecimento e identificar os meios usados no trabalho docente com animação na educação.

A finalidade deste trabalho visou contribuir para a ampliação do uso da animação no trabalho docente; ampliar o conhecimento dos estudantes quanto às questões criativas; auxiliar as práticas educativas; valorizar o trabalho docente e auxiliar na coleta de dados da tese de doutorado da pesquisadora. Visto sua colaboração quanto às observações do seu trabalho, preenchimento de questionário e entrevistas solicitamos sua autorização para apresentar os resultados deste estudo em eventos da área de educação e publicar em revista científica nacional e/ou internacional. Por ocasião da publicação dos resultados, seu nome será mantido em sigilo absoluto, caso desejar. Informamos que essa pesquisa não prevê riscos a saúde, a moral e a ética. Esclarecemos que sua participação no estudo foi de caráter voluntário e, portanto, o(a) senhor(a) não é obrigado(a) a fornecer as informações e/ou colaborar para a pesquisa. Os pesquisadores estarão a sua disposição para qualquer esclarecimento que considere necessário.

---------------------------------------
Assinatura do(a) pesquisador(a) responsável

Considerando, que fui informado(a) dos objetivos e da relevância do estudo proposto, de como foi minha participação, dos procedimentos e riscos decorrentes deste estudo, declaro o meu consentimento em participar da pesquisa, como também concordo que os dados obtidos na investigação sejam utilizados para fins científicos (divulgação em eventos e publicações). Estou ciente que receberei uma via desse documento.

Vitória - Espírito Santo, _____ de _____ 2018

---------------------------------------
Assinatura do participante

Contato com o Pesquisador (a) Responsável: Caso necessite de maiores informações sobre o presente estudo, favor ligar para o (a) pesquisador (a) Thalyta Botelho Monteiro, Rua cinco. Número 109 Rio Marinho Cariacica ES CEP 29141-730. Telefone: 27 99813 2399 ou para o Programa de Pós-Graduação em Educação PPGE-UFES, telefone: 27 4009 2549.

Centro de Educação
Programa de Pós-Graduação em Educação

**TERMO DE CONSENTIMENTO PARA DIVULGAÇÃO DE VOZ E IMAGEM EM PESQUISA ACADÊMICA**

# TERMO DE CONSENTIMENTO LIVRE E ESCLARECIDO

Prezado (a) Senhor (a) _____
_____ inscrito (a) no CPF _____
_____, a pesquisa sobre Animação no Trabalho Docente foi desenvolvida por **Thalyta Botelho Monteiro**, doutoranda, inscrita no CPF 098.810.437.78, sob orientação da professora Dra. Gerda Margit Schutz Foerste, do Programa de Pós-Graduação em Educação da Universidade Federal do Espírito Santo, na EMEF Adilson da Silva Castro no período de outubro a dezembro de 2018 sob sua parceria. Os objetivos do estudo buscaram analisar as manifestações dialéticas do professor com o uso da animação no que tange à técnica e a criação, analisar o cinema de animação no trabalho docente com crianças e identificar as mediações utilizadas pelos docentes; entender as inquietações sobre as questões técnicas e criativas no processo de produção de cinema de animação no que compete a educação; compreender a animação enquanto mediador de conhecimento e identificar os meios usados no trabalho docente com animação na educação.

A finalidade deste trabalho visou contribuir para a ampliação do uso da animação no trabalho docente; ampliar o conhecimento dos estudantes quanto às questões criativas; auxiliar as práticas educativas; valorizar o trabalho docente e auxiliar na coleta de dados da tese de doutorado da pesquisadora. Visto sua colaboração quanto às observações do seu trabalho, preenchimento de questionário e entrevistas solicitamos sua autorização para apresentar os resultados deste estudo em eventos da área de educação e publicar em revista científica nacional e/ou internacional. Por ocasião da publicação dos resultados, seu nome será mantido em sigilo absoluto, caso desejar. Informamos que essa pesquisa não prevê riscos a saúde, a moral e a ética. Esclarecemos que sua participação no estudo foi de caráter voluntário e, portanto, o(a) senhor(a) não é obrigado(a) a fornecer as informações e/ou colaborar para a pesquisa. Os pesquisadores estarão a sua disposição para qualquer esclarecimento que considere necessário.

---

Assinatura do(a) pesquisador(a) responsável

Considerando, que fui informado(a) dos objetivos e da relevância do estudo proposto, de como foi minha participação, dos procedimentos e riscos decorrentes deste estudo, declaro o meu consentimento em participar da pesquisa, como também concordo que os dados obtidos na investigação sejam utilizados para fins científicos (divulgação em eventos e publicações). Estou ciente que receberei uma via desse documento.

Vitória - Espírito Santo, ____ de _____ 2018

---

Assinatura do participante

Contato com o Pesquisador (a) Responsável: Caso necessite de maiores informações sobre o presente estudo, favor ligar para o (a) pesquisador (a) Thalyta Botelho Monteiro, Rua cinco. Número 109 Rio Marinho Cariacica ES CEP 29141-730. Telefone: 27 99813 2399 ou para o Programa de Pós--Graduação em Educação PPGE-UFES, telefone: 27 4009 2549.

Centro de Educação
Programa de Pós-Graduação em Educação

# APÊNDICE B

## OBSERVAÇÕES ENTREGUES ÀS PROFESSORAS

| | Maria de Fátima | Raquel | Rebeka |
|---|---|---|---|
| Tempo de produção | Março a novembro | Dezembro | Outubro a dezembro |
| Tempo estimado | Março a julho | Julho a setembro | Setembro a dezembro |
| Disciplinas curriculares envolvidos | Estudos de informática e tecnologias | Português Matemática História | Arte |
| Conteúdos curriculares/ multidisciplinares | Escrita Oratória Leitura Pesquisa Argumentação Análise de imagens | Escrita Oratória Leitura Pesquisa Argumentação Valores humanos | Desenho Cor Suportes diferenciados Sequência de imagens Análise de imagens Argumentação/ questionamento |
| Escolha do tema da animação | Escolha da turma: cada grupo escolheu | Escolha conforme o projeto em andamento | Escolha individual |
| Produção | Animação realizada em grupos: 5 produções | Animação coletiva: 1 produção para a turma | Realização de *flipbook*: 1 por aluno; Atividade individual |

| | Maria de Fátima | Raquel | Rebeka |
|---|---|---|---|
| Métodos de inicialização da temática | Explicação do conceito de animação, seus locais e formas de fazer; Cria GIF's com os alunos | Relembra as atividades de animação realizada no ano anterior e como se faz; Mostra os brinquedos ópticos | Exibe uma animação e questiona como o vídeo foi produzido. Explica conforme as respostas e argumentações dos alunos Exibição de animações; Apresentação e produção de brinquedos ópticos |
| Metodologia usada para abordar o conceito de animação | Pesquisa | Memória | Pergunta |
| Comportamento da turma | Necessidade de parar a aula para chamar a atenção disciplinar | Necessidade de parar a aula para chamar a atenção disciplinar | --- |
| Parceiros | Parceria direta: parceiros de trabalho juntos na maior parte do tempo | Parceria indireta: auxiliaram, mas não presenciaram o processo | Parceria direta: a professora Mariana não esteve em sala de aula junto à professora Silva, mas realizou tarefas da animação com as crianças nas aulas |
| Relação da animação com o trabalho docente | Tema que aborda conteúdos de informática; Projeto escolar; Trabalhar com animação em meio ao currículo do 5º ano | Precisou repensar os conteúdos e atividades de sala de aula para justificar o trabalho com animação | Atividade presente no livro de Arte para as turmas de 4º e 5º ano; Realização de projeto trimestral com o tema Tecnologias |

|  | Maria de Fátima | Raquel | Rebeka |
| --- | --- | --- | --- |
| Implicações da animação no trabalho docente | Adequação ao currículo; Julgamento quanto ao trabalho desenvolvido; Preocupação com o tempo | Adequação ao currículo; Julgamento quanto ao trabalho desenvolvido; Tempo | Tempo e materiais |
| Finalização/edição da animação | Computador; Feita pelas professoras | Celular; Feita pelas professoras | O *flipbook* é a animação |
| Inclusão Alunos com laudo | 3 | 1 | ---- |
| Problemas sociais relacionados à turma | Aparentes | Aparentes | Não aparentes |
| Problemas de ordem pessoal | | Atestado médico | Atestado médico |
| Culminância | 9 e 10 de novembro: para a escola; 5 de dezembro: para a turma | 11 de dezembro | Faltou tempo para a conclusão de alguns trabalhos e para a exposição; Apresentação dos trabalhos: 14 de dezembro |
| Técnica usada | 2D; *Stop motion* com massinha, objetos, recorte | *Stop motion* com objetos; *Pixilation*; Recorte | Brinquedo óptico |
| Técnica que domina | Animação digital | *Stop motion* | *Flipbook* |
| Material tecnológico | Programas de computadores | *Apps* de celulares | Materiais tradicionais |

| RELAÇÕES DE CONFLUÊNCIA | |
|---|---|
| Ensino | Abordagem tradicional + uso de tecnologias |
| | Consideram a animação lúdica |
| Trabalho com animação | Realizado em sala de aula durante o tempo de aula; |
| | Parceria com colegas; |
| | Consideram mais o processo de que o resultado, mas preocupam-se em apresentar algo para a sociedade escolar; |
| | Receio do julgamento dos pares e das famílias, pois eles não compreendem que a atividade da animação promove conhecimento; |
| | A animação anseia conhecimentos que vão além do currículo, como questões de expressão, valores, trabalho em grupo, respeito mútuo; |
| | Os alunos não consideram como atividades relacionadas a educação. Perguntam se terão tarefa; |
| | Necessidade de pausar o projeto em função de outras ações escolares, como projetos paralelos, provas institucionais, de larga escala, atrasos nos conteúdos; |
| | A família critica o tempo com o projeto, mas "encanta-se" com o resultado |
| Observações importantes | As professoras possuem relação com as Artes; |
| | Fátima: pais músicos; desenhista; toca violão; compõe |
| | Mary: desenhista; |
| | Raquel: formada em Artes Visuais; desenhista; pintora; toca violão; |
| | Rebeka: formada em Artes visuais; desenhista; pintora; relação com a música (canta na igreja); |
| | Necessidade de pesquisar sobre o assunto para ampliar o conhecimento; |
| | O tempo de sala de aula, no que tange aos 50/60 minutos, foi considerado de intempérie, pois precisava-se parar e recomeçar em outro momento. No entanto, essa pausa era necessária ao descanso dos alunos para o retorno do trabalho |

## Contradições

- **Processos de mediação**

São diferenciados para cada aluno, dependendo do seu nível de aprendizado. É comum repetir os métodos para grupos distintos. Gostam de manusear os instrumentos tecnológicos, mas têm receio (tanto aluno quanto professor); entendem as tecnologias como processo de ampliação do conhecimento, mas em sala de aula utilizam métodos tradicionais para o ensino. Os instrumentos tecnológicos têm um tempo-lugar a serem utilizados, pois na sala o que é entendido como conhecimento são os conteúdos ditados pelo currículo; o trabalho em parceria traz colaboração, no entanto codependência e escolha por determinados grupos. As questões históricas, sociais e culturais são pertinentes para a ampliação do conhecimento, mas são sufocadas pelos atravessamentos do cotidiano escolar, que olha a realidade pelo livro didático.

- **Trabalho docente**

Em meio a tantas dificuldades no que tange ao trabalho docente: reuniões, provas em larga escala, conteúdos curriculares, projetos, paralisações, problemas com água e luz, os professores continuam com as atividades de animação dentro das possibilidades. Levam tarefas para casa e executam as atividades quando as crianças concluem as atividades obrigatórias. Resistem, por acreditarem que a animação é o meio pelo qual terão outra visão quanto ao uso das tecnologias. Há ainda a capacidade de modificar as adversidades e transformá-las em possibilidades educativas.

- **Animação**

É um conjunto de técnicas que permeiam a criação. Não existe técnica sem criação, mas um desses elementos pode se sobressair, dependendo dos processos de mediação. O processo de criação da animação é fundamental para a ampliação dos conhecimentos técnicos e criativos, mas é o produto que norteia esse processo. Tanto professor quanto aluno, apesar de valorizar os processos de criação, ressaltam o valor do produto, pois é com este que se mostrará o resultado imediato para uma comunidade por meio de uma exibição. A exibição é o momento mais esperado. É a finalização do trabalho, mas, no decorrer, rememoram o que fizeram. Acreditam que a finalização ocorre naquela sala, mas estão em processo iminente do seu desenvolvimento.

- **Experiência**

Perpassa todos os outros conceitos, pois é por meio dela que ocorrem os processos dialéticos.

# APÊNDICE C

# QUESTIONÁRIO APLICADO (2017)

**Cinema de Animação no Trabalho Docente – Espírito Santo**

Nome: (respostas omitidas)
Telefone: (respostas omitidas)

## Idade
12 responses

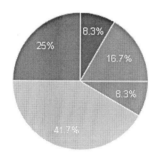

- Entre 18 e 24 anos
- Entre 25 e 29 anos
- Entre 30 e 35 anos
- Entre 36 e 40 anos
- Entre 41 e 49 anos
- 50 anos ou mais

## Formação Docente
13 responses

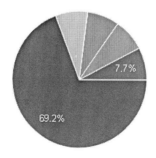

- Arte
- Letras Português
- Língua extrangeira
- Matemática
- Ciências Biológicas
- História
- Geografia
- Educação Física

1/2 ▼

205

## Estado em que atua como docente

13 responses

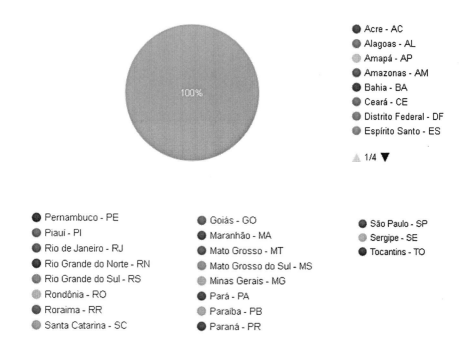

- Acre - AC
- Alagoas - AL
- Amapá - AP
- Amazonas - AM
- Bahia - BA
- Ceará - CE
- Distrito Federal - DF
- Espírito Santo - ES

1/4 ▼

- Pernambuco - PE
- Piauí - PI
- Rio de Janeiro - RJ
- Rio Grande do Norte - RN
- Rio Grande do Sul - RS
- Rondônia - RO
- Roraima - RR
- Santa Catarina - SC

- Goiás - GO
- Maranhão - MA
- Mato Grosso - MT
- Mato Grosso do Sul - MS
- Minas Gerais - MG
- Pará - PA
- Paraíba - PB
- Paraná - PR

- São Paulo - SP
- Sergipe - SE
- Tocantins - TO

## Quando surgiu seu interesse com o cinema de animação no trabalho docente?

13 responses

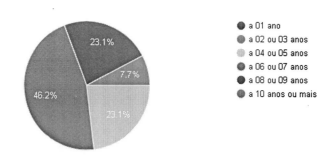

- a 01 ano
- a 02 ou 03 anos
- a 04 ou 05 anos
- a 06 ou 07 anos
- a 08 ou 09 anos
- a 10 anos ou mais

## Sobre fazer um curso de cinema de animação:

13 responses

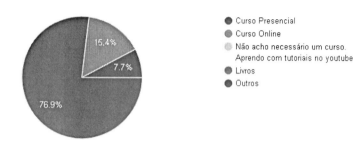

- Curso Presencial
- Curso Online
- Não acho necessário um curso. Aprendo com tutoriais no youtube
- Livros
- Outros

## Como surgiu seu interesse pelo cinema de animação?

13 responses

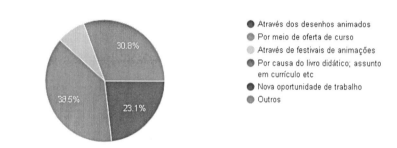

- Através dos desenhos animados
- Por meio de oferta de curso
- Através de festivais de animações
- Por causa do livro didático; assunto em currículo etc
- Nova oportunidade de trabalho
- Outros

## Qual o nível de ensino em que atua?

13 responses

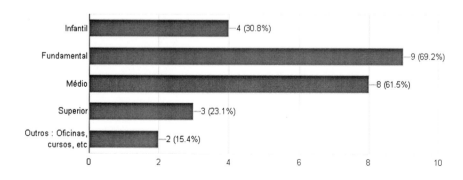

## Já fez cursos relacionados ao cinema de animação?

13 responses

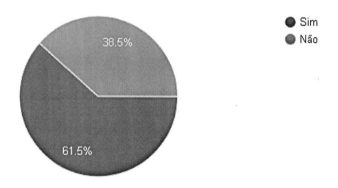

| O que o motiva a buscar informações e cursos sobre cinema de animação? 13 responses |
|---|
| Aperfeiçoamento e qualidade no ensino e produção de animações com os alunos |
| É uma linguagem jovial, sempre atual e inovadora. Meus alunos amam e eu também. |
| Aperfeiçoamento profissional. |
| Por ser um assunto que interessa aos alunos e promove aprendizado dinâmico. |
| Minha tese de doutorado sobre os conceitos do cinema na formação docente |
| Formação continuada |
| O grande interesse dos alunos pelo tema |
| Formação continuada para a docência e formação técnica para trabalhos pessoais |
| Por fazer parte do currículo |
| O processo de criação, o planejamento, criatividade e a construção do conhecimento que percebo nos alunos ao desenvolverem um projeto; e até mesmo a satisfação deles ao virem o produto final. |
| Formação pessoal e professional, parte das minhas pesquisas, lazer |
| Aprimorar as aulas de Arte |
| Pela possibilidade de usar essa ferramenta em sala de aula |

## Tem conhecimento sobre as técnicas do cinema de animação?

13 responses

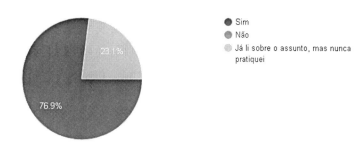

## Tem conhecimento dos brinquedos ópticos-mecânicos?

13 responses

## Qual a frequência em que assiste a desenhos animados?

13 responses

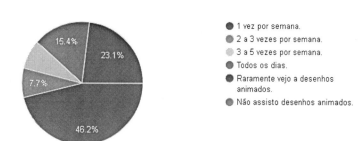

> **Você acredita que há relação entre a técnica e o processo de criação no cinema de animação? É possível desvincular esses dois processos? Justifique:13 responses**
>
> Acredito que sim. Há filmes que se percebe o processo de criação no desenrolar do mesmo.
>
> Sim. A técnica auxilia e facilita o processo. Os programas e aplicativos nos ajudam no desenvolver da dinâmica.
>
> Sim, os processos funcionam juntos utilizando recursos um do outro.
>
> Sim, há relação entre técnica e processo de criação, pois, ambos caminham juntos para obtenção de bons resultados. A meu ver, não há como desvinculá-los.
>
> Não é possível, já que se considerarmos que a imagem-movimento traz consigo técnica, mas também traz a imagem-tempo como possibilidade de criação
>
> Sim, a técnica pode abrir caminhos para nossos processos criativos. Com a técnica em prática creio q seja possível criar novos métodos.
>
> Sim, uma etapa depende da outra na produção de uma animação, não tem como desvincular tudo acontece em sequência.
>
> Sim. Não.
>
> Sim. Não. Seria como um pedreiro sem saber erguer um muro, existe toda uma sequência a ser seguida, desde a ideia a sua edição.
>
> Tem relação sim. Mas acredito que a técnica pode até ser mudada até chegar ao processo de criação. Penso que, o processo da criação vem antes de ser definida a técnica.
>
> Sim e acho difícil desvinculados. Porém ñ saberia explicar agora.
>
> Acredito que há relação não sendo possível desvincula-los, visto que o processo de criação já é pensado de acordo com a técnica na ser utilizada
>
> Acredito que não seja possível desvincular a técnica e o processo de criação no cinema de animação.

> **Como o cinema de animação pode contribuir para a Educação?13 responses**
>
> O cinema de animação é uma grande ferramenta para uso da educação pois dele se extrai a história e seus desdobramentos. Da história produzimos opiniões, textos e objetos estéticos. Além disso, ao analisar a técnica e relê-la com os alunos, organizamos pensamentos, construímos novas conexões e desenvolvemos novas faculdades mentais. É interessante perceber que todas as disciplinas se conectam e a aprendizagem se torna mais significativa.
>
> Através dos temas promovem a sensibilização, divulgação, informação e reflexão entre outros.

| Como o cinema de animação pode contribuir para a Educação? 13 responses |
|---|
| Para deixar as aulas mais dinâmicas e mostrar a maneira que são feitas as animações. |
| Por meio dos conteúdos trabalhados em sala de aula, começando pela fotografia e suas técnicas para depois trabalhar a animação aplicando os conteúdos da arte e do cotidiano do aluno aliando as técnicas de animação que devem ser previamente trabalhadas com o educando na teoria e na prática. Teoria e prática se complementam gerando aprendizado eficaz. |
| Ao mobilizar o pensamento para as imagens óticas e sonoras puras, que vibram pela criação, pela diferença é pela aposta na afecção dos corpos virtuais que atualizam outras possibilidades de conhecimento e de vida |
| No processo criativo da criança... Pensar sobre o roteiro, a mensagem a ser levada.... Ao pensar sobre as personagens, suas características, o espaço em que serão inseridas. |
| Sempre trabalhei com parcerias em outras disciplinas, os alunos são motivados a aprender brincando com animação... |
| Como uma ferramenta pedagógica de sensibilização estética |
| Com certeza, é uma forma prazerosa do aluno adquirir conhecimento. |
| Muito. Contribui muito, pois, desde o processo de construção da história e planejamento pra que crie os personagens até a execução, os alunos crescem, constroem seus conhecimentos, debatem o assunto, e nesse debate entre erros e acertos, eles crescem intelectualmente como suas relações interpessoais melhoram bem como o respeito entre eles. |
| Provocar pensamento acerca de questões pessoais e globais. |
| Excelente suporte para integração entre as diversas disciplinas - inter/transdisciplinaridade |
| Buscando uma interação melhor com alunos, principalmente de fundamental e médio. |

**Dos filmes abaixo, quais reconhece enquanto animação com uso da técnica stop motion?**

13 responses

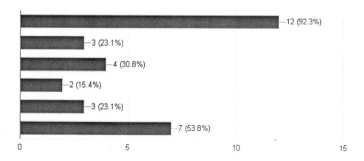

1. Fuga das Galinhas;
2. Piratas Pirados;
3. Wallace e Gromiit – A Batalha dos Vegetais
4. Fantástico Senhor Raposo;
5. ParaNorman
6. Coraline

Já realizou algum trabalho docente com o cinema de animação?
13 responses

Caso tenha realizado algum trabalho docente com o cinema de animação, o que você desenvolveu?
13 responses

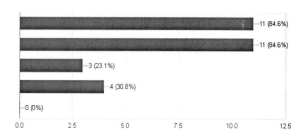

1. Exibições de animações
2. Técnicas de Animações: *Stop motion, pixilation* entre outras do gênero.
3. Criação de brinquedos ópticos;
4. Análise semióticas de animações
5. Não realizei trabalho educativo sobre essa temática;

## A Instituição Educacional que você leciona possui recursos apropriados para o desenvolvimento de animações?

13 responses

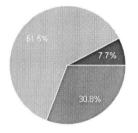

- Sim. Há todos os recursos e instrumentos necessários
- A instituição possui poucos recursos para a elaboração de animações
- Não. Eu improviso com meus recursos e auxílio de colegas
- Não há recursos, mas eu pesquiso a temática para ampliar os meus con...
- Sim, há recursos, mas eu pesquiso...
- Não sei opinar

# ANEXO A

# ATIVIDADE RELACIONANDOO ANIMAÇÃO AO CONTEÚDO CURRICULAR

|  | PREFEITURA DE VITÓRIA<br>SECRETARIA MUNICIPAL DE EDUCAÇÃO<br>EMEF "Adilson da Silva Castro" | Turma: 5º ANO B<br>Valor: 10 PONTOS EM CADA MATÉRIA |
|---|---|---|
| AVALIAÇÃO INTEGRADA DE MATEMÁTICA E LINGUA PORTUGUESA ||||
| Aluno: ||||
| Professora Raquel Falk Toledo | Data: | Nota: |

**TRABALHANDO COM STOP MOTION**

Stop motion é uma técnica de animação quadro a quadro, usando como recurso uma máquina de filmar, uma máquina fotográfica ou um computador. Utilizam-se modelos reais em diversos materiais, os mais comuns são a massa de modelar ou massinha.

Em UMA ANIMAÇÃO de stop motion para cada segundo são necessárias 24 fotos para que a imagem pareça real. Com movimentos reais.
Observando a foto acima, responda:

- Se uma animação durar 5 segundos, quantas fotos serão necessárias?

_____

- E se durar 30 segundos?

_____

Produzi animação de 2 segundos e fui assistir. Suponhamos que eu tenha parado no meio do filme.

- Em quantos segundos parei?

_____

- Se eu parei no meio do filme, logo a fração que corresponde a isso é:

a) ¾
b) ½
c) ¼
d) 1 inteiro

- Represente por frações e simplifique o máximo que puder:

Agora suponhamos que ao invés de 24 fotos por segundo eu queira apenas usar 12 fotos para cada segundo de animação.

- Quantas fotos serão necessárias se ela durar 5 segundos?

_____

- E 30?

_____

Agora, pensemos na seguinte possibilidade: para cada foto que eu tiro eu multiplico por 3 na hora de editar.

- Meu video ficará mais lento ou mais rápido? Eu precisaria tirar mais fotos ou menos fotos?

_____

216

- Represente a fração que equivale a um quarto de minuto. Quantos segundos seria? Qual a porcentagem em cima da hora?

Nós iremos fazer um filme em Stop Motion, mas ainda não sabemos quanto tempo ele durará. Apenas imaginemos que ele durará 10 segundos.
Marque a alternativa correta para cada questão:

- Quantos segundos de filme equivale a 10%?

a) 1 seg
b) 2 seg
c) 5 seg
d) 10 seg

- Quantos segundos de filme equivale a 50% do filme?

a) 1 seg
b) 2 seg
c) 5 seg
d) 10 seg

- Quantos segundos de filme equivale a 100% do filme?

a) 1 seg
b) 2 seg
c) 5 seg
d) 10 seg

- Quantos segundos do filme equivale a 20% do filme?

a) 1 seg
b) 2 seg
c) 5 seg
d) 10 seg

Vamos construir uma narrativa que emocione a todos? Continue esse texto:

"NA VERDADE, é uma mala muito comum. Um pouco gasta nas extremidades, mas em boas condições.

É marrom. É grande. Cabe muita coisa dentro – roupas para uma longa viagem, talvez livros, jogos, tesouros, brinquedos. Mas agora já não há nada lá dentro.(...)"

*(Extraído do livro: A Mala de Hana, Levine, Karen, 2007, 114 p. ed.*
*Melhoramentos, SP)*

Todos nós carregamos uma grande mala.... A mala da nossa vida. E cabe muita coisa nela....

Se pudéssemos ver o que cada um carrega em sua mala, o que veríamos na sua? Escreva sobre o se presente, os seus sonhos, suas frustrações, seus medos, suas expectativas...